내 인생 최고의 선택

내 인생 최고의 선택.

Contents

Part 3 —— 책임·성취·기업·찬송

Prologue

하나님의 뜻을 따르는 선택

룻기 전체의 주제는 '텅 빔'입니다. 엘리멜렉의 가족은 흉년을 피해 모압으로 떠났습니다. 엘리멜렉의 이름은 '하나님은 나의 왕'이라는 뜻이고, 아내 나오미의 이름은 '희락, 즐거움'이라는 뜻입니다. 행복을 주는 사랑스러운 아내와 경건한 남편이 만나서 함께 살았지만, 남편도 죽고 두 아들도 죽고 많은 재산도 다 잃었습니다. 그야말로 텅 빈 채로 수치를 무릅쓰고 베들레헴에 돌아온 나오미 곁에는 며느리 룻만 남아 있었습니다.

그러나 나오미 인생의 가장 큰 축복은 남편도 아니고 두 아들도 아니며, 영적인 동반자 룻을 만난 것입니다. 룻을 통해 인류 최고의 가문인 예수 그리스도의 가문을 이어 갔으니 이보다 더 큰 복이 어디 있겠습니까? 이방 여인이었지만 룻은 이미 '은혜'를 알고 있었습니다. 은혜를 안다는 것은 자신이 아무것도 할 수 없는 존재임을 알고 전능하신 하나님만을 바라보는 것입니다.

아침부터 저녁까지 시어머니를 위해 이삭을 줍는 룻의 믿음에 대한 소문이 모든 사람에게 전해졌습니다. 그 소문이 퍼졌기에 룻은 보아스의 도움을 받게 되었습니다. 시어머니를 봉양하려고 열심히 이삭을 주웠는데 그것이 룻 자신도 사는 일이 된 것입니다. 보아스는 룻을 단순히 한 명의 여인으로 보지 않았습니다. 그는 룻이 믿음으로 헌신한 사실을 알았기 때문에 그 믿음을 보고 은혜를 베풀었습니다. 그래서 룻도 열등감 없이 은혜 입기를 적극적으로 구하고 이삭을 주울 수 있었습니다.

'이삭줍기'는 '전도'입니다. 저도 예전엔 평신도라는 이유로, 때로는 여자라는 이유로 전도하면서도 눈치를 보는 일이 많았습니다. 목사가 된 지금은 교회라는 울타리를 통해서 마음껏 전도할 수 있게 되었습니다. 이삭을 줍는 일, 전도하는 일에는 당연히 육체적인 어려움도 있고 사탄이 방해할 일도 많습니다. 그러나 주님이 울타리가 되어 주시니 우리는 부지런히 줍는 일만 하면 됩니다.

룻은 시어머니를 사랑했지만, 어찌 보면 부담스러운 짐으로 여겨질 수도 있었을 것입니다. 처음엔 좋은 마음으로 누군가를 돕겠다고 하더라도 계속 내 돈과 시간이 들어가면 부담이 될 수밖에 없습니다. 그래도 룻은 시어머니 나오미와 함께 거주했습니다. 물질로, 마음으로 섬겨야 할 힘든 사람이 있는데 그 사람을 사랑함으로 섬김이 기쁨이 된다면 이보다 더 큰 능력이 어디 있겠습니까.

교회 개척 당시 저의 친정아버지께서 암 투병 중이셨습니다. 교회 사역도 벅찬데 아버지의 병환과 가정의 여러 일이 겹쳐 정신없이 바쁜 시간을 보내야 했습니다. 그렇게 혼자 많은 일을 감당하려니 '난 왜 도와주는 사람은 없고 도움 받겠다는 사람만 주위에 가득한가'라는 생각에 상심이 되기도 했습니다. 그러나 병상에서 하나님 앞에 당신의 죄를 회개하며 "할렐루야"를 외치시던 아버지, 마지막 순간까지 아름다운 모습으로 천국을 증거하신 아버지의 죽음은 남편의 죽음과 더불어 저의 지경을 넓혀 주신 사건이었습니다. 돌아가시기 전 아버지는 거의 의식이 없는 상태에서도 제가 교회 개척하는 것을 얼마나 기뻐하셨는지 모릅니다. 말씀도 제대로 못 하시면서 제가 교회를 담임한다고 하니 누워서 손을 흔들며 기뻐하시던 모습이 아직도 눈에 선합니다.

이후, 엘리베이터도 없는 우리 집 아파트 5층 계단까지 점령하여 예배를 드리던 우리에게 하나님은 휘문고등학교 강당에서의 예배를 허락하셨고, 지금은 마음껏 이삭을 주울 수 있는 판교 채플도 허락하셨습니다. 열두 가정이 모여 시작한 우리들교회를 10년 만에 출석 교인 9,000명이 넘는 교회로 성장시키셨습니다. 그리고 방송으로, 책으로 우리들교회를 통한 하나님의 사역을 전하게 하십니다. 그렇게 많은 성장과 부흥이 있었지만 지금도 저는 개척 당시와 같은 소망으로 하나님께 기도드립니다.

이 땅의 환난당하고, 빚지고, 원통한 자들이 함께하는 교회를 이루는 것이 저의 바람입니다. 십자가의 고난 없이는 영광도 없기 때문입니다. 나오미처럼 완전히 텅 비어서 하나님이 지어 줄 여지가 있는 것이 축복입니다. 그것이 하나님 나라를 이루어 가는 영적 원리입니다. 영적·육적으로 완전히 무너져서 왔지만, 하나님의 말씀으로 지어졌다는 간증이 울려 퍼지는 교회야말로 진짜 건강한 교회입니다.

삶 가운데 중요한 선택의 갈림길에 서 계십니까? 배우자도 잃고, 자녀도 잃고, 재산도 다 잃어 앞이 보이지 않습니까? 그래도 하나님을 붙들 마음이 있다면, 아직 남은 부분이 있는 것입니다. 말씀으로 내 죄를 보고 회개하여 안식을 누리는 것이 최고의 선택입니다. 지금 이 순간부터라도 말씀의 인도함을 받기로 결단하시기를, 내 생각이 아닌 하나님의 뜻을 따르는 '인생 최고의 선택'을 하시기를 예수님의 이름으로 축복합니다.

2013년 12월

김양재 목사

Prologue

이 책을 다시 펴내며

제가 강단에서 룻기 큐티 설교를 한 것이 2012년입니다. 그리고 그 이듬해인 2013년 겨울, 그 설교와 우리들교회 성도님들의 공동체 고백을 묶어 책으로 출간하였습니다.

그런데 이 책이 출간되자마자 책을 보고, 실로 많은 분들이 우리들교회로 찾아오셨습니다. 한결같이 룻처럼 환난당하고, 빚지고, 원통한 분들이었습니다. 인생의 흉년 가운데 하나님을 원망하며 하늘만 쳐다보다가 이 책을 보고는, 마치 모압을 떠나 베들레헴으로 돌아온 나오미와 룻처럼 우리들교회로 찾아오신 것입니다. 수치를 무릅쓰고 이삭을 줍고, 보아스의 발치 이불을 들고 눕는 적용을 한 룻처럼 날마다 큐티하며 말씀에 순종하고, 그 말씀을 삶에 적용하니 영과 육이 살아남으로 '내 인생 최고의 선택'을 간증하는 성도들로 우리들교회가 차고 넘치게 되었습니다.

6년 만에 개정증보판으로 발간한 이 책에는, 그래서 각 챕터별 '우리들 묵상과 적용'에 새로운 간증들을 덧붙였습니다. 처음 출간할 당시 편집적인 문제로 부득이 줄일 수밖에 없었던 내용도 빠짐없이 보완하였습니다.

여러분은 지금 어떻습니까? 물질 흉년, 건강 흉년, 자녀 흉년, 부부 흉년, 영적 흉년의 때 여러분은 어떤 길을 선택하고 있습니까? 지금 비록 고난에 처해 있다 하더라도 이 환경이야말로 하나님이 주시는 최고의 환경인 것을 알아야 합니다. 나오미와 룻이 그러했듯, 모압을 떠나 베들레헴으로 돌아와야 합니다. 하나님 품으로 돌아와야 합니다. 흉년을 벗어나고자 이혼하고, 가출하고, 사표 쓰고 도망가는 것은 하나님의 축복을 거절하는 것이나 다름없습니다. 흉년만 지속될 뿐입니다. 최고의 선택이 아니라 최악의 선택입니다.

이 책을 처음 출간하였을 때나 지금이나 저의 바람은 변함이 없습니다. 환난당하고, 빚지고, 원통한 인생의 흉년이 거듭되어도 절대 하나님 품을 떠나지 마시기 바랍니다. 그럴수록 더욱더 하나님 품으로 돌아오시기 바랍니다. 그것이 '내 인생 최고의 선택'입니다.

이 책을 읽는 모든 분들이 '내 인생 최고의 선택'을 하시기를 예수님의 이름으로 축원합니다.

2019년 7월

우리들교회 담임목사·큐티엠 이사장

김양재

Part 1

감사·선택·충성

The best choice of my life

“

말씀이 들린다는 것은 회개를 의미하고, 회개는 U턴을 의미합니다.

방향을 완전히 틀어서 돌이키는 것이 회개입니다.

나오미의 인생에서 드디어 말씀에 근거한 선택이 시작됩니다.

사망과 생명의 선택, 은혜와 멸망의 선택은 결국 나의 몫입니다.

내 유익과 욕심과 판단을 버리고 생명의 길을 택하기 원합니다.

”

하나님 아버지, 내 소견에 옳은 대로 행하는 것을 아시고

흉년을 주신 것을 감사합니다.

이를 통해 진정한 감사가 회복되길 원합니다.

chapter 1

인생 흉년에도 감사

룻기 1:1~5

프랑스 화가 밀레의 작품 〈만종〉에는 한 해 농사를 수확하는 부부의 소박한 감사가 담겨 있습니다. '추수'와 '소박한 감사', 룻기를 생각하면 밀레의 그림과 함께 이 두 가지가 떠오릅니다. 믿음으로만 할 수 있는 것이 감사입니다. 믿음 없이는 어떤 수확을 얻어도 진정한 감사를 드릴 수 없습니다.

룻기는 성경에서 소설 형식으로 기록된 최초의 책이자 구속사의 비밀을 보여 주는 책으로서 신학적으로도 매우 중요합니다. 소설 형식을 갖추었지만 당당하게 역사서에 배열된, 역사적 사실의 기록입니다. 여든다섯 절의 아름다운 시, 아름다운 사랑 이야기인 룻기는 예수님을 빼고 읽으면 그저 신데렐라 같은 사랑 이야기나 성공적인 재혼 이야기 정도밖에 안 됩니다. 이 세상에 예수님 없이 아름다운 이야기는 없습니다. 백설공주 같은 동화 속 사랑 이야기도 헛된

환상일 뿐입니다. 예수님이 계시기에, 예수 그리스도의 생명을 이어 가는 사실의 기록이기에 룻기가 아름다운 것입니다.

성경 전체에서 여성의 이름으로 된 책은 룻기와 에스더서 두 권입니다. 에스더와 비교할 때 룻은 이방 족속으로 비천한 신분이었습니다. 그런데도 그리스도의 계보를 잇는 여인으로 등장합니다. 룻기에서 우리가 읽어야 할 메시지는 극도로 비참한 상황 가운데서도 예수님의 계보가 이어져 간다는 것입니다. 이보다 더한 감사는 없습니다.

피할 수 없는 흉년이 찾아옵니다

사사들이 치리하던 때에 그 땅에 흉년이 드니라…… _ 룻 1:1a

때는 '사사들이 치리하던 때'입니다. 성경을 앞으로 넘겨 보면 사사들이 치리하던 때의 기록인 사사기가 있습니다. "그때에 이스라엘에 왕이 없으므로 사람이 각기 자기의 소견에 옳은 대로 행하였더라."(삿 21:25) 사사들이 치리하던 때란 하나님 말씀과 상관없이 자기 소견에 옳은 대로 행하던 때입니다. '사사(士師)'는 '심판관, 재판관'이라는 뜻인데, 그들이 정한 규율과 기준은 존재하지만 성경적 가치관은 없는 시대였습니다.

이스라엘 백성이 400년 애굽 노예 생활을 마치고, 40년간 광야에서 훈련을 받은 후 젖과 꿀이 흐르는 가나안 땅에 들어갔습니다. 하나님은 이스라엘 백성이 가나안 땅에 들어가기에 앞서 율법을 주시며, "네가 네 하나님 여호와의 말씀을 청종하면 들어와도 나가도 복을 받을 것이지만, 네 하나님 여호와의 말씀을 순종하지 않으면 들어와도 나가도 저주를 받으며 마침내 너를 멸하시리라" 말씀하셨습니다(신 28장). 축복에 대한 말씀보다 저주에 대한 말씀을 네 배나 더 많이 하시며 경고하셨지만, 아무것도 모르는 이스라엘 백성은 가나안 땅에 들어가기만 하면 못할 것이 없다고 생각했습니다.

그런데 막상 가나안에 들어가 보니 그들이 진히 알지 못하던 다른 신이 있었습니다. 하나님의 말씀을 청종해야 할 이스라엘 백성이 그 우상을 좇아 상수리나무 사이, 푸른 나무 아래서 음란하게 범죄하자 결국 하나님은 "이놈!" 하고 매를 드셨습니다. 이렇게 조금 잘살면 타락하여 범죄하고, 하나님이 심판하시면 회개하고 회복됐다가 또 범죄하고 다시 회개하는, 인간의 악한 본성이 극명하게 나타난 때가 사사 시대입니다. 우리가 이렇듯 되었다 함이 없습니다.

저는 재수생 큐티 모임을 16년간 인도했습니다. 수험생 아이들과 나눔하다 보면 대학만 붙으면 교회도 열심히 가고, 큐티도 하고, 선교도 할 거라며 별 약속을 다 합니다. 그러다 젖과 꿀이 흐르는 대학에 들어가 보니 이전엔 배운 적도 없고, 알지도 못했던 신이 있습니다. 미팅신, 성형신, 다이어트신, 게임신…… 각종 신을 섬기며 세상으로 떠내려가는 아이들이 한둘이 아닙니다. 그래서 저는 입시를 앞둔 수험생 아이들에게 "붙으면 회개하고 떨어지면 감사하라"고 말합니다. 떨어지면 그 고난 가운데서 하나님을 더욱 의지하게 될 테니 감사해야 하고, 붙으면 내 믿음의 수준이 고난을 감당할 만큼이 안 돼서 붙여 주셨다는 걸 깨닫고 나의 믿음이 부족한 것을 회개해야 한다는 뜻입니다.

이스라엘에 왕이 없으므로 사람이 각기 자기의 소견에 옳은 대로 행했다는 사사기 말씀대로, 나에게 항상 하나님이 왕 되시지 못하면 그 누구라도 악한 시대를 살 수밖에 없습니다. 그래서 사사들이 치리하던 때도 흉년이 들 수밖에 없었습니다. 우리도 내 소견에 옳은 대로 살다가 물질의 흉년, 건강의 흉년, 부부 관계의 흉년이 듭니다.

그런데 그 모든 흉년 중에도 가장 괴로운 것은 영적인 흉년입니다. 영적인 흉년이 무엇입니까? 흉년이 들어서 그 고난으로 하나님을 의지하고 말씀을 묵상하는 사람은 영적으로는 풍년을 만날 것입니다. 그런데 고난이 왔다고 말씀도 보기 싫고, 교회도 가기 싫고, 사람도 만나기 싫다면 그것이 정말 무서운 영적 흉년입니다.

웃고 떠들고 사람들과 어울려도 다른 사람에게는 관심이 없고, 교회 소그룹 모임에 참석해도 다른 지체들의 나눔은 안 듣고 내 감정만 풀고 오는 것이 영적 흉년입니다. 하나님의 말씀이 안 들리는 사람은 원래 다른 사람 말도 안 듣는 법입니다.

육적으로 풍년이면 풍요로워서 말씀이 안 들리고, 영적으로 흉년이 오면 깨닫지 못하고 무감각해져서 말씀이 안 들립니다. 하나님을 안 믿는 사람은 돈이 없다가도 생기면 흉년이 풀리고, 병에 걸렸다가도 나으면 흉년이 끝날 것입니다. 하지만 하나님을 믿는 사람은 육신을 입고 사는 영적인 존재이기에 영적인 흉년이 오면 어떤 것으로도 해결이 안 됩니다. 그래서 가장 무서운 것이 영적 흉년입니다.

흉년에는 누구의 통치, 누구의 지도를 받는가가 가장 중요합니다. 영적인 멘토인 목사나 믿음의 선배들에게 지도를 받는 것도 중요하지만, 무엇보다 날마다 주시는 말씀을 나에게 주시는 말씀으로 들으며 하나님의 통치를 받아야 합니다. 내가 하나님 자리에 놓고 있는 것이 무엇인지 생각해 보아야 합니다. 명예나 권력, 배우자나 자녀 등의 통치를 받다 보면 자기 소견에 옳은 대로 행하기가 쉽습니다.

물질의 흉년이 들었습니까? 부부 관계의 흉년, 건강의 흉년, 자식의 흉년이 들었습니까? 입시생 자녀에게 성적의 흉년이 들었습니까? 내가 내 소견에 옳은 대로 행하면서 하나님이 아닌 돈, 건강, 남편의 사랑, 자식의 성공에 우선순위를 두었습니까?

흉년을 피해 세상으로 가면 넘어집니다

……유다 베들레헴에 한 사람이 그의 아내와 두 아들을 데리고 모압 지방에 가서 거류하였는데 _룻 1:1b

가장의 믿음은 가정의 운명을 좌우합니다. 성경적 가치관을 갖지 못한 지도자 때문에 징계의 수단으로 흉년이 왔는데, 그런 지도자에게 잘못 가르침을 받았기 때문에 모압 땅으로 떠납니다.

가정에서 아버지가 제대로 서 있지 못해서 흉년이 오고, 목장에서 목자가 제대로 서 있지 못해서 흉년이 오고, 교회에서 목회자가 제대로 서 있지 못해서 흉년이 오고, 대통령이 제대로 서 있지 못해서 나라에 흉년이 오고, 강대국의 수장 한 사람이 제대로 서 있지 못해서 전 세계에 흉년이 오는 것입니다.

버락 오바마 미 대통령의 재임 시절, 동성애를 지지한다는 그의 발언에 참 안타까웠습니다. 강대국의 지도자로서 성경적 가치관을 버린다면 전 세계를 흉년으로 몰고 갈 수 있습니다.

유다 베들레헴, 지명이 나옵니다. 유다는 '찬송'이란 뜻이고 베들레헴은 '떡집'이란 뜻입니다. 유다 베들레헴은 후에 예수님이 오실 땅입니다. 장차 예수님이 오실 그 땅에 흉년이 들었다고 모압으로 피합니다. 눈앞에 보이는 흉년 때문에 창조주 예수님이 오실 땅을 떠나고 있습니다. 모압은 창세기에 소개된 것처럼, 아브라함의 조카인 롯이 자기 딸들과 동침해서 낳은 후손입니다. 그들은 '영원히 여호와의 총회에 들어오지 못하리라'(신 23:3)는 저주를 받은 족속이기도 합니다. 이렇게 예수와 전혀 상관없는 곳으로 잘 먹고 잘살기 위해서 찾아가고 있습니다.

그러나 흉년을 세상 방법으로 피하려 하면 더 큰 일이 생깁니다.

> 그 사람의 이름은 엘리멜렉이요 그의 아내의 이름은 나오미요 그의 두 아들의 이름은 말론과 기룐이니 유다 베들레헴 에브랏 사람들이더라 그들이 모압 지방에 들어가서 거기 살더니 _룻 1:2

엘리멜렉의 이름은 '엘'과 '멜레크'의 합성어로 '여호와는 나의 왕이시다'라는 뜻입니다. 이름만 봐도 믿음이 좋고 경건해 보입니다. 그 아내 나오미는 '희락, 즐거움'이라는 뜻입니다. 경건한 남편, 기쁘고 사랑스러운 아내가 믿음의 땅에서 잘살다가 흉년이 오니까 모압으로 피한 것입니다. 나도 속고 남도 속이는 믿음이라서, 내가 믿음이 있는 줄 알았는데 흉년이 오니까 세상으로 떠납니다.

요즘 외국으로 이민 가는 사람들을 보면 자기 행복보다는 자식 교육과 장래를 위해서 떠나는 경우가 많습니다. 엘리멜렉과 나오미도 마찬가지였을 겁니다. 두 아들 중에 말론은 '병약하다'는 뜻이고 기룐은 '쇠약하다'는 뜻입니다. 부모가 경건하고 멋있어도 두 아들이 병약하고 쇠약하니 흉년이 든 땅에서 키우기가 어려웠을 것입니다. 하나님을 믿고 '여호와는 나의 왕이시다'라고 부르짖지만, 자식 문제 앞에서는 장사가 없습니다.

인생에 흉년이 와 봐야 내 수준이 드러납니다. 부족함이 없을 때는 뭐든지 믿음으로 감당할 수 있을 것 같아도, 흉년이 오면 믿음의 현주소가 드러납니다.

병약한 자식들을 위한다고 모압으로 피했지만, 결과적으로 두 아들이 모압 땅에서 죽게 됩니다. 가장의 잘못된 결정 때문에 예수와 상관없는 죽음을 맞을 수 있습니다. 유다 베들레헴은 떠나서는 안 되는 곳입니다. 아무리 먹고살기가 힘들어도 믿음의 땅에 거하는 것이 나도 살고 자식도 살리는 길입니다.

엘리멜렉을 소개할 때는 유다 베들레헴 사람이라고 하고, 아들 말론과 기룐을 소개할 때는 '유다 베들레헴 에브랏 사람들'이라고 합니다. 에브랏은 '풍성하다'는 뜻입니다. 사무엘상 17장 12절을 보면 다윗의 아버지 이새를 유다 베들레헴 에브랏 사람이라고 소개하고 있습니다. 엘리멜렉과 나오미의 가정이 예수님의 계보와 연관이 있다는 것, 예수님을 떠나서는 안 될 가정이라는 것을 유다, 베들레헴, 에브랏 3중으로 강조합니다. 유다(찬송), 베들레헴(떡집), 에브랏(풍성함), 풍성한 찬송의 떡집입니다. 어떤 흉년이 와도 예수님만이 떡이며, 찬송이고, 풍성함이십니다. 모압으로 피하지 않고 그곳에 있었다면 육적으로 병약하고 쇠약한 아들이라도 풍성한 찬송의 떡을 먹으며 살았을 것입니다.

각 분야의 전문가들이 나와서 주제토론을 하는 프로그램에 '성공적인 노후를 대비하려면 OO을 포기하라'는 주제가 나왔습니다. 거기에서 은퇴 설계 전문가의 대답은 '자녀를 포기하라'였습니다.

자녀를 포기하고 내려놓는다는 것은 믿음의 땅에 거하는 것입니다. 세상에서 성공시키겠다고 모압으로 피하지 말고, 믿음의 환경에서 키우는 것이 자녀를 포기하는 것이고 성공적인 노후 대책입니다.

우리들교회 어느 집사님이 하필 아이의 시험 기간에 몸이 너무 아팠다고 합니다. 제일 못하는 한 과목 시험이 남았는데 너무 아파서 같이 봐 줄 수가 없었습니다. 그런데 아이가 그 과목 시험을 잘 봤습니다. 엄마가 못 도와주니까 스스로 열심히 해서 어려워하던 과목의 시험을 잘 마쳤습니다.

내가 모압으로, 어디로 찾아다닌다고 아이가 잘되는 게 아닙니다. 자녀는 하나님께서 돌보고 키우십니다. 내가 뭔가 노력하고 열심히 해서 자녀가 성공할 수 있다는 착각을 버리시기 바랍니다.

교회 열심히 다니던 자매가 믿는 가정에서 자란 형제를 만나 결혼했습니다. 그런데 결혼 후 남편은 교회도 안 나가고, 생활비도 안 주고, 술과 도박을 즐겼습니다. 그래도 자매는 두 아이를 데리고 새벽기도, 수요예배, 주일예배, 철야예배, 성가대 봉사까지 열심히 했습니다. 남편 때문에 너무 힘들어서 교회에 더욱 열심을 내고 성가대에도 열심히 참여했는데, 그러다가 성가대 지휘자와 가까워졌습니다. 남편은 술과 도박에 빠져 힘들게 하는데 성가대 지휘자는 믿음도 있고 돈도 있고 너무 멋있어 보였습니다. 그래서 마음을 뺏기고 아이 둘을 데리고 이혼을 했습니다. 지휘자는 가정이 있는 유부남이었는데 이혼도 안 하고 자매와 살림을 차렸습니다. 자매의 삶이 어떻게 됐을까요?

자매가 옳다 그르다, 남편이 잘못이다, 이런 이야기가 아닙니다. 결혼하고 나면 '옳고 그름'은 없습니다. 배우자가 괴롭힌다고, 때린다고, 돈 안 준다고, 이런 기준으로 '안 살아도 된다'고 하면 같이 살 사람이 누가 있겠습니까? 결혼은 '옳고 그름'이 아닙니다. 결혼생활이 힘든 것은 나 자신의 욕심과 죄를 깨달으라고 하나님께서 허락하신 구원의 세팅이자 훈련이요, 징계입니다. 이걸 세상 방법으로 피해 보겠다고 하면 더 힘든 일이 기다리고 있습니다.

나오미의 남편 엘리멜렉이 죽고 나오미와 그의 두 아들이 남았으며
_룻 1:3

나오미는 잘못된 선택을 하고 남편을 잃었습니다. 그래도 아직 두 아들이 남았습니다. 여기에서 중요한 것은 남편이 '죽고'보다 두 아들이 '남았으며'입니다. '여기까지 피난을 왔는데 내 남편이 죽다니'라고 할 게 아니라 '그래도 나에게는 영적 계보를 이어 갈 두 아들이 남았구나'라고 해야 합니다. 남은 것을 봐야 합니다. 이제라도 빨리 깨닫고 찬송의 떡집으로 돌이켜야 합니다.

그런데 사람들은 자기 잘못을 인정하기 싫어서 '내가 이 꼴로

돌아갈 순 없지' 하고 오기를 부립니다. 내가 잘되면 교회에 나가겠다고 합니다. 어차피 교회는 죄인들의 공동체인데, 내가 회복돼서 '짠' 하고 보여 주겠다면서 안 돌아옵니다. 나오미가 그래도 영적인 사람이고 예수님의 계보를 이어 가야 할 어미인데 말씀이 안 들릴 때는 이렇게 철벽같이 안 들립니다. 아무리 잘못 선택했어도 지금 돌이키는 것이 최선입니다.

> 그들은 모압 여자 중에서 그들의 아내를 맞이하였는데 하나의 이름은 오르바요 하나의 이름은 룻이더라…… _룻 1:4a

경고인 것을 깨닫고 지금이라도 돌이키면 되는데 자기 힘으로 회복해 보겠다고 어리석은 짓을 거듭합니다. 어떤 어리석은 짓을 합니까?

아들 둘을 불신 결혼 시킵니다. 하나님께서 남기신 아들을 영적으로 잘 양육하고 어서 돌아가서 영적 계보를 잇게 해야 하는데, 두 아들의 아내를 모압 여자 중에서 취합니다. '내가 여기까지 와서 얼마나 고생을 했는데, 너라도 내 한을 풀어다오' 하면서 공부시키고, 출세시키려고 기를 쓰는 겁니다. 잘사는 나라에 가서 그 나라 영주권, 시민권 얻는 게 우리 모두의 꿈 아닙니까? 그래서 나오미도 아들 둘을 잘사는 모압 여자들과 불신 결혼을 시켰습니다. 모압이 가나안 족속은 아니기에 문자적으로 결혼할 수도 있다고 합리화했을 것입니다. 그러나 모압은 가증한 우상을 섬기는 이방 족속이었습니다.

도움 받을 지체도 없고 말씀도 공급 받지 못하고, 권고도 위로도 받지 못하면서 자녀들 공부시키는 것에만 집중하면, 자녀가 공부 잘하고 회사는 잘 다닐지 몰라도 신앙을 유지하는 것은 거의 불가능합니다.

저는 학창시절 부모님이 "남자 만나지 마라", "늦게 다니지 마라" 하지 않으셨어도, 어머니가 문란하게 살지 않으시니 저도 저절로 하지 않게 되었습니다. 돈의 흉년, 시댁살이와 결혼생활의 흉년이 들어 외로웠지만, 지나고 보면 하나님께서 엄한 시댁과 남편을 통하여서 저를 지키도록 인도하셨습니다. 세상적으로 잘되거나 안 되는 것이 전부가 아닙니다. 내가 믿음을 지키는 것이 가장 고귀한 것입니다. 믿음을 지키게 해 주고 나를 거룩하게 해 주는 식구가 최고의 식구입니다. 자녀들을 모압의 가치관, 곧 세상 가치관으로 키우는 것은 자녀를 사망의 길로 인도하는 것입니다.

나오미가 모압 사람처럼 살고 싶어서 모압 여자들로 며느리 삼았지만, 이 가정은 예수님의 계보를 이어 가야 하기에 하나님께서 또 눈물의 매를 드십니다.

4 ……그들이 거기에 거주한 지 십 년쯤에 5 말론과 기룐 두 사람이 다
죽고 그 여인은 두 아들과 남편의 뒤에 남았더라 _룻 1:4b~5

누구라도 교회 공동체를 떠나서는 올바른 결정을 할 수 없습니다. 나 홀로 신앙은 고집스럽습니다. 나 홀로 신앙은 균형 잡힌 신앙이 아닙니다. 나오미가 공동체를 떠나서 잘살아 보겠다고, 모압 사람들과 어울려 그들처럼 살고 싶어서 모압 여자를 며느리로 삼았습니다. 그리고 십 년이 지났습니다. 남편이 죽었어도 먹고살 만했습니다. 십 년이 지나도록 영적인 회복이 전혀 안 되어도 그런대로 잘 먹고 잘살았습니다. 그 결과가 무엇입니까? 하루라도 속히 찬송의 떡집으로 돌이키지 않고, '나도 얼마든지 내 힘으로 잘 먹고 잘살 수 있어' 했기 때문에 두 아들마저 잃고 말았습니다.

나오미의 가정에는 사명이 있습니다. 이 가정이 예수님의 계보를 이어 가야 하기 때문에 하나님께서 경고하시는 것입니다. 영적 계보를 이어갈 집이기 때문에 두 아들을 데려가시면서까지 경고하십니다.

남편을 떠나서 성가대 지휘자와 동거를 시작한 자매에게도 끊이지 않는 경고의 사건이 찾아왔습니다. 지휘자는 금세 다른 여자와 부정한 관계를 시작했습니다. 돈이 좀 있는 줄 알았는데 사업은 부도가 났고, 직장도 없이 주식에만 열을 내더니 가진 것을 다 잃었습니다. 자매의 이름으로 대출을 받아서 자매는 빚까지 떠안게 됐습니다. 그뿐만이 아닙니다. 아이가 계속 생겨서 데리고 온 아이들 외에 자식 셋을 더 낳았습니다. 지휘자가 부인과 이혼을 안 한 상태였으니 호적에도 올리지 못하는 사생아를 셋이나 낳은 것입니다. 다섯째로 태어난 아이는 뇌수막염을 앓다가 먹고 자고 배설하는 것만 하는 중증 장애인이 되었습니다.

주식으로 날린 빚에, 아이 병원비에, 카드빚에, 전세금도 다 없애고 자매와 아이들은 오갈 데 없는 처지가 되었습니다. 어느 지체의 배려로 겨우 비닐하우스 한 칸을 얻어서 거기에 들어가 살았습니다. 그러자 지휘자는 본부인에게로 돌아갔습니다. 그 부인은 남편이 다른 여자와 살면서 아이 셋까지 낳은 것을 전혀 모른다고 합니다.

이 기막힌 상황에서 자매는 살기 위해 말씀을 들으러 왔습니다. 큐티 모임에도 오고 묵상도 열심히 했습니다. 하지만 말씀을 들을 때는 남자를 끊겠다고 했다가 조금 지나면 자기연민에 빠져 다시 남자를 만났습니다. 아무도 나를 돌봐 주지 않는데 지휘자라는 사람이 가끔 찾아오니까 끝내 뿌리치지 못하고 만났습니다. 그러다 또 임신하여 여섯째 아이까지 낳았습니다.

흉년도 이런 흉년이 또 있겠습니까. 처음 결혼했던 남편이 돈을 안 주건 술을 마시건 그냥 두 아이를 데리고 살았다면 이렇게까지는 안 되었을 것입니다. 그렇게 힘들어도 가정을 지켰다고, 할 말이라도 있었을 겁니다. 더 나은 삶이 있을 줄 알고 흉년을 피했다가 자식은 여섯이 되고, 살 집도 없고, 돈도 없고, 비참한 처지가 되었습니다. 자매가 이상하다고 생각하지 마십시오. 외모도 잘나고 보기에 선남선녀인 사람들이 이런 일을 저지릅니다. 손가락질할 것도 없습니다. 외롭고 힘든 처지에 있어 본 사람이라면 사람을 끊지 못하고 중독을 끊지 못하는 그 심정이 조금은 이해될 것입니다.

어떻게 멀쩡한 사람들이 이럴 수 있는가 생각하십니까? 이럴 수 있습니다. 그래서 저는 교회에서 단호하게 가르칩니다. 시간이 늦고, 위험하고, 길이 멀고, 어쩌고저쩌고해도 부부가 아닌 남녀는 같은 차에 타면 안 됩니다. 저녁이 아니라 아침, 점심시간이라도 단둘이 만나면 안 됩니다. 돈 관계도 마찬가지입니다. 만 원, 이만 원도 꾸거나 빌려 주지 마십시오. 적은 돈일수록 쉽게 잊어버리고 오해가 쌓입니다. 누가 서운하다고 하거든 목사가 절대 안 된다고 가르쳤으니 어쩔 수 없다고 하십시오. 교회라고 방심해서는 안 됩니다. '마음 맞는 사람끼리' 이런 표현은 '믿음 없는 사람끼리'와 똑같은 말입니다. 말씀이 안 들리니까 등산모임, 운동모임에서 기쁨을 느끼는 겁니다. 우리들교회는 소그룹 공동체인 목장이 있기 때문에 다른 소모임은 허락하지 않습니다. 마음 맞는 사람끼리 모이는 것보다 더 즐거운 것이 믿음 맞는 사람끼리 모이는 보혈의 공동체입니다. 조금이라도 인간적인 것은 아예 잘라내야 합니다.

여러분에게 흉년이 왔습니까? 그 흉년에 어디를 찾아가고 있습니까? 가정, 직장, 결혼, 입시 등에서 실패했다면 하나님을 만나기 가장 좋은 때인데, 하나님 없는 모압에서 하나님과 상관없는 결정을 하고 있습니까? 당장 나를 편하게 해 줄 물질과 사람만 찾고 있습니까?

남은 희망이 있습니다

말론과 기룐 두 사람이 다 죽고 그 여인은 두 아들과 남편의 뒤에 남았더라 _룻 1:5

'그 여인은 두 아들과 남편의 뒤에 남았더라.' 이 말씀이 할렐루

야입니다. 남편과 두 아들이 죽었는데 또 남은 게 있다고 합니다. 입이 다물어지지 않는 고통 가운데서도 이 '남았더라'를 보아야 합니다. 남편이 죽고 두 아들이 죽었어도 아직 나오미는 살아 있습니다.

돈 없고 집 없고 병들어 내쫓겨 행려병자가 된다고 할지라도 내가 예수를 믿는다면 남은 것이 있습니다. 부자의 상에서 떨어지는 것으로 배를 채우던 거지 나사로는 천국에 갔습니다. 거지 나사로는 성경에 이름이 있습니다. "다윗의 자손이여 나를 불쌍히 여기소서" 부르짖던 거지 바디매오도 이름이 기록돼 있습니다. 천국 생명책에 이름이 기록되었다는 것입니다.

그런데 날마다 호화롭게 즐기던 한 부자와 모든 계명을 지켰지만 "네 소유를 팔아 가난한 자들에게 주라"는 주님의 명령에 근심하며 떠나간 부자 청년은 성경에 이름이 없습니다.

불륜으로 이혼하고, 또 헤어지고, 자식은 여섯이나 되고, 한 아이는 아프고……. 입이 다물어지는 이 상황에서도 '남았더라'를 보아야 합니다. 남편이 죽고 두 아들이 죽었어도 아직 나오미는 살아 있지 않습니까? 다 죽고, 다 잃었어도 남은 나를 통해 하나님께서 하실 일이 있습니다. 내가 마지막이라고 생각해도 하나님께서는 내게 남겨 두신 것이 있습니다.

자매에게 남은 것이 무엇이겠습니까. 저는 이 자매에게 '남은 것'이 있다면 한 번도 낙태하지 않은 것이라고 생각합니다. 세상의 관점에서 보면 어리석다고 할지 몰라도, 대책 없이 생긴 아이를 대책 없어도 그냥 낳은 것이 하나님께서 남겨 두신 것이라고 생각합니다.

자매에게 지혜가 부족했습니다. 어쨌든 남자의 가정과 아이들에게까지 깊은 상처를 주었습니다. 그럼에도 생명은 귀한 것입니다. 자매에게 아무 능력이 없어도 생명은 하나도 해하지 않고, 남자에게도 보내지 않고, 모두 데리고 살았습니다. 여러분이라면 이 아이들을 낳았겠습니까? 우리의 이해타산으로는 절대로 못 합니다. 자매가 앞뒤를 생각하지 못해서 비록 지휘자와 그런 관계에 빠졌지만, 하나님은 그 성품을 사용하셔서 생명을 보존하게 하셨습니다. 저는 하나님께서 생명을 해하지 않은 그것 때문에 자매를 도우실 것이라고 믿습니다. 이 아이들이 정말 귀하게 되어서 믿음의 영걸로 자라갈 것을 믿습니다.

물질적, 정신적, 육적인 흉년에서 나에게 남은 것은 무엇입니까? 내가 유다 베들레헴 에브랏 사람이기에, 예수를 떠나서는 살 수 없는 사람이기에, 흉년으로 경고하시는 하나님의 사랑을 깨닫습니까? 죽고 잃었어도 남아있는 나에게 하나님의 사명이 있음을 알고 있습니까?

말씀으로 기도하기

진정한 감사는 진정한 믿음에서 시작됩니다. 룻기는 극도로 비참한 상황 속에서도 예수님의 계보가 이어짐을 보여 줍니다. 예수님의 계보가 이어지는 것보다 더한 감사는 이 세상에 없습니다.

피할 수 없는 흉년이 찾아옵니다. (룻 1:1)

사사 시대처럼 하나님의 말씀이 아닌 내 소견에 옳은 대로 행했기 때문에 흉년이 온 것을 회개합니다. 내 소견에 옳은 대로 하나님이 아닌 것에 우선순위를 두었기에 건강, 부부관계, 자녀의 흉년이 왔습니다. 가장 힘든 흉년은 영적 흉년입니다. 고난 가운데 말씀이 들리고 깨달아질 수 있도록 은혜를 주시옵소서.

흉년을 피해 세상으로 가면 넘어집니다. (룻 1:2~4)

유다 베들레헴, 믿음의 땅에 거하면서 엘리멜렉의 이름처럼 '여호와는 나의 왕이시다'를 부르짖어도 흉년을 피해 세상으로 가는 것을 봅니다. 가장의 믿음이 가정의 운명을 좌우한다는 것을 알기 원합니다. 나의 잘못된 결정 때문에 자녀들이 예수님을 믿지도 못하고 죽을 수 있습니다. 예수님만이 찬송이고 떡이며 풍성함이기에 유다 베들레헴, 신앙공동체를 떠나지 않게 하옵소서. 나의 죄를 깨달으라고 주신 흉년에서 세상 방법으로 피하지 않게 하시고 떠났더라도 즉시 돌이키게 하옵소서. 나와 우리 집이 예수님의 계보를 이어갈 집이기에 잘 먹고 잘살게 내버려 두지 않으시는 것에 감사합니다.

남은 희망이 있습니다. (룻 1:5)

나오미의 남편과 두 아들이 죽었어도 나오미 자신과 두 며느리가 남았습니다. 다 죽고 잃었어도 하나님께서는 남은 나를 통해서 하실 일이 있다고 하십니다. 너무나 부족하지만 남은 나에게 사명을 주시니 감사합니다. 인생의 흉년을 거치며 믿음을 회복하고 진정한 감사를 드리게 하옵소서.

우리들 묵상과 적용

아버지의 노름으로 가세가 기울어 학창시절 요양병원에서 간호사로 일을 했습니다. 그곳에서 만난 한 여인과 사랑만 있으면 다 해결되리라 생각하고 결혼했지만 5년 만에 이혼했습니다. 8년 동안 홀로 딸을 키우다가 두 아들이 있는 지금의 아내와 재혼했습니다.

그런데 제 딸과 아내의 아들들의 싸움이 잦아지면서, 두 아들은 자신을 낳아 준 아버지에게 가겠다고 했습니다. 저는 법적으로 아빠는 나인데 어디를 가느냐며 달래기를 수차례 반복했습니다. 그러다 저의 주식투기로 감당할 수 없는 빚을 지는 한계상황이 오자서로 자기 자식 챙기기에 급급해졌고, 아내와 육박전을 벌이는 지경까지 이르렀습니다. 그러던 중 우리 부부는 말씀이 있는 교회로 오게 되었습니다. 이혼과 재혼 흉년, 물질 흉년에 자식 흉년까지 왔어도 말씀이 들리지 않았던 우리 부부는 옳고 그름만 따지면서 소그룹 예배에서도 피 터지게 싸웠습니다.

하루는 제대한 막내아들이 대학을 그만둔 일로 아내와 다툼이 벌어졌습니다. 저는 모든 것을 정리하고자 집도 내놓고 이혼할 마음을 굳혔습니다. 하지만 그날 밤, 아내가 "내가 죽지 못해서 이런 사달이 났다"며 울면서 회개했습니다. 저도 집 내놓은 것을 취소하겠다고 했는데, 집주인이 시세에 이천오백만 원을 더 올려 달라고 하는 것이었습니다. 저의 혈기에 쓸데없는 손실을 보게 된 것입니다. 재혼가정인 저희 집은 이렇게 싸움이 끊이지 않습니다. 그러나 돌아보면 그 싸움의 근본에는 늘 돈이 있었음을 고백합니다.

유다 베들레헴 에브랏에 거하며 자녀들을 풍성한 찬송의 떡으로 키워야 함에도, 저는 늘 모압으로 떠나려고 했습니다(룻 1:1). 나오미는 자기 힘으로 회복하여 모압 땅에서 '짠' 하고 보이고 싶었지만, 남편과 아들이 죽고 일어날 힘이 없을 때 비로소 하나님이 그녀를 방문해 주셨습니다. 저도 10년 동안 남은 것을 보지 못하고 싸움질한 것밖에 없습니다. 그런데도 찬송의 떡집인 교회 공동체에 붙어만 있었더니 주님은 가정 경제도 회복시켜 주시고, 딸을 믿음의 가정으로 출가시키게 하셨으며, 두 아들은 주일학교를 섬기고, 저희 부부는 소그룹 리더로 섬기는 영적인 풍년의 복을 주셨습니다(룻 1:22). 돈을 하나님 자리에 놓고 내 소견에 옳은 대로 살아온 저에게 흉년을 허락하심으로 죄를 회개하고 남은 것을 보며 살아가게 해 주신 하나님, 사랑합니다.

기도

아버지 하나님, 엘리멜렉과 나오미처럼 경건한 남편, 기쁨의 아내로 살아왔는데 흉년을 만났습니다. 흉년에 병약하고 쇠약한 자녀가 있으니 믿음의 땅 유다 베들레헴을 떠나 세상 모압으로 피하고 싶습니다. 믿음의 땅을 떠나 여호와의 총회에 들어오지 못할 모압으로 피했기에 남편도 잃고 두 아들도 죽은 나오미의 인생에서 경고를 받기 원합니다. 부모로서 나의 잘못된 결정이 자녀를 불신 결혼으로 몰아가고 영적인 죽음으로 몰아간다는 것을 깨닫기 원합니다.

내가 자꾸 세상으로 피하고, 또 피해 가다가 더 큰 흉년을 만났습니다. 그래서 모두가 죽고 잃었어도 나오미와 두 며느리는 남았다고 하십니다. 오늘 나의 흉년에서 남겨진 것을 보게 하옵소서. 나의 배우자와 자녀에게 남겨 두신 것을 보게 하옵소서. 흉년으로 이혼을 생각하고, 피하고 포기하고 죽고 싶은 마음이 들어도 오늘 말씀을 들었다면 그것이 남은 부분이 되어 나를 살릴 것을 믿습니다. 주님께서 속지 않으시기에, 내가 내 소견에 옳은 대로 행하는 것을 아시고 흉년을 주신 것을 감사합니다. 이 기나긴 흉년을 통해서 진정한 감사가 회복되길 원합니다. 예수님의 이름으로 기도합니다. 아멘.

하나님 아버지, 최고의 선택은 말씀이

들리는 선택이라고 하셨사오니 이 시간 주의 말씀이 들리게 하옵소서.

다른 사람을 살리는 생명의 선택을 하게 하옵소서.

chapter 2

말씀이 들리는 선택

룻기 1:6~14

나라의 지도자를 뽑는 대선 때가 되면 누구를 선택할 것인지가 온 국민의 화두가 됩니다. 여러분은 어떤 사람을 선택했습니까? 다음 대선에서는 어떤 사람을 선택하겠습니까? 훌륭한 대통령의 조건이 첫째 건강이고 두 번째가 비전이고 세 번째는 설득력이라고 하는 말을 들었습니다. 참 일리가 있는 말입니다. 우리는 일생 선택의 문제에 직면합니다. 수많은 선택을 두고 우리가 기억해야 할 것은 무엇일까요?

말씀이 들리는 선택이 최고의 선택입니다

그 여인이 모압 지방에서 여호와께서 자기 백성을 돌보시사 그들에게 양식을 주셨다 함을 듣고 이에 두 며느리와 함께 일어나 모압 지방에서

돌아오려 하여 _ 룻1:6

찬송의 떡집, 유다 베들레헴에서도 안 들리던 말씀이 영적으로 멸시 받는 모압 땅에서 드디어 들리게 됐습니다. 경건한 믿음의 남편 엘리멜렉과 희락의 아내 나오미가 세상 모압으로 이민을 갔습니다. 거기에서 남편을 잃었는데 나오미가 이름 그대로 즐거움과 희락의 힘을 발휘해서 고난을 헤쳐 가다 보니 여전히 말씀이 안 들렸습니다. 두 아들이 죽기까지도 말씀이 안 들린 사람이 나오미입니다. 이럴 수 있습니다. 매사에 밝고 착한 사람은 인생이 심각하지 않아서 말씀이 안 들립니다. 무엇이든 긍정적으로 좋게 생각하다 보니 기가 막힌 고난도 성품으로 넘어갑니다. 그럼에도 하나님께서 택하신 사람은 그치지 않는 고난으로 결국은 말씀이 들리게 됩니다.

우리들교회에는 주식을 끊지 못해서 별명이 '주식 집사'인 분이 계십니다. 아무리 망해도 십 년 동안 주식이 도무지 끊어지지 않았습니다. 집사님이 택자이기에 하나님께서 이분이 사는 주식은 절대 오르지 못하게 하셨습니다. 십 년이 지나고 나서 보니, 집사님의 연봉만으로도 충분히 살 수 있었는데 주식으로 다 잃어 결국 남은 게 하나도 없다고 합니다. 이분이 얼마나 낙천적인지 이런 자신의 이야기를 스스럼없이 합니다.

C.S.루이스는 "고통은 귀먹은 세상 사람들을 흔들어 깨우기 위한 하나님의 메가폰이다"라고 했습니다. 흉년을 피해 모압으로 갔다가 남편도 잃고 더 큰 고난으로 자식까지 잃고 나니 드디어 나오미에게 말씀이 들렸습니다. 예전에는 관심도 없던 '여호와께서 자기 백성을 돌보셨다'는 소식이 들렸습니다. 개역한글 역본에서는 '돌보셨다'는 말을 '권고하셨다'라고 표현합니다. '권고'에는 방문하셨다는 뜻이 있습니다. 하나님께서 방문하셔서 양식을 주셨다는 소식이 들리자, '내가 이방 우상의 땅 모압에서 뭐 하고 있는 건가' 하고 정신이 든 겁니다.

말씀이 들린다는 것은 회개를 의미하고, 회개는 U턴을 의미합니다. 방향을 완전히 틀어서 돌이키는 것, '모압 지방에서 돌아오려 하여' 이스라엘로 돌이키는 것이 회개입니다. 나오미의 인생에서 드디어 말씀에 근거한 선택이 시작됩니다.

아직 U턴을 못 하고 변명이 많고 회개가 없다면 하나님께서 더 손보셔야 합니다. 그러나 지금이라도 늦지 않았습니다. 세상 축복이 말씀을 듣지 못하게 한다면 그 축복은 도리어 저주입니다. 내게 찾아온 흉년으로 하나님의 소문이 들렸기 때문에 축복입니다.

주식 집사님은 여전히 주식을 끊지 못하고 계시지만 그럼에도 말씀 공동체를 떠나지 않으십니다. 저는 이분이 교회를 떠나지 않기에 반드시 돌아올 것을 믿습니다. 미리미리 말씀의 훈련을 받으면 나중에라도 돌이키는 과정이 더 빨라질 것입니다.

모압 땅에서 나오미에게만 말씀이 들린 것도 들어 둔 말씀이 있기 때문입니다. 그래서 졸더라도 예배의 자리에 앉아 말씀을 듣는 것이 축복이라고 생각합니다. 흉년이 오면 하나님께서 확성기에 입을 대고 나에게 크게 말씀하시는 소리가 있을 것입니다. 원(one) 과부, 쌍(雙)과부가 됐을 때도 말씀이 안 들리던 나오미가 며느리들과 함께 쓰리(three) 과부가 되니까 그제야 말씀이 들렸습니다. 우리 모두에게는 이렇게 한계치의 고난이 있습니다. 나오미가 교양이 9단이라서 3차 흉년이 오기까지 말씀이 안 들립니다.

저도 그랬습니다. 고학으로 피아노를 공부하면서 주일이면 빠짐없이 교회에 나가고 반주자로도 섬기니 그야말로 나도 속고 남도 속이는 믿음이었습니다. 착하고, 공부 잘하고, 학비도 스스로 벌면서 부모님에게 생색도 안 내고…… 최고의 기도 응답이 있다면 바로 저 같은 딸 낳는 것 아닙니까? 모든 것을 다 갖추었잖아요. 그런데 말씀이 안 들렸습니다. 내 성품과 교양이 너무 뛰어나다 보니 말씀이 뚫고 들어올 자리가 없었습니다.

저희 어머니는 그런 제게 "있으면 먹고, 없으면 금식하고, 죽으면 천국 가라"는 말만 하고, "공부 잘해서 시집 잘 가라"는 말은 한 번도 하신 적이 없었습니다. "그렇게 공부를 잘하면 사도 바울처럼 고난만 많다"는 이야기만 하셨습니다. 우리 자매들의 입학식이나 졸업식에는 한 번 오신 적도 없고, 함께 시간을 보내 주신 적도 없습니다. 고학력자이신 어머니가 남의 집 빨래나 해 주고 교회 화장실 청소나 하러 다니셨으니, 어머니 하면 똥내 나는 몸뻬 차림과 화장기 없는 얼굴밖에 생각나지 않습니다. 그때는 그것이 너무나 창피했습니다. 어머니가 돌아가셨어도 하나도 슬프지 않았습니다. 생각나는 추억이 있어야 말이지요.

그런데 3차 흉년을 겪은 후에야 나오미에게 말씀이 들리고 남은 것이 보였듯, 저도 힘든 시집살이와 결혼생활로 낮아지고 낮아져서야 주님이 방문해 주셨습니다.

"양재야, 양재야, 네가 어디 있느냐."

주님이 저를 쓰시기 위해 힘든 환경에서도 기적같이 피아노도 치게 하시고 명문 대학에도 들어가게 하셨는데, 저는 그 모든 것을 제힘으로 이룬 것이라고 생각했습니다. 내 의지로 문밖출입도 할 수 없는 시집살이를 하며 '나는 착하고 믿음도 좋고 공부도 잘하고 예의도 바른데……'라는 허공을 치는 말을 수도 없이 되뇌었습니다. 막힌 환경을 떠나고자 생각한 것이 이혼과 자살이었습니다.

우리는 사명 때문에 왔다가 사명 따라 살고 사명대로 가는 인생인데, 저는 야망 때문에 공부하고 피아노 치고 결혼을 했습니다. 쉽게 말하면 돈을 사랑하여 한 것입니다. 평생 그런 줄도 모르고 살다가 결혼을 하고 나서야 이 모든 것이 드러났습니다. '사람 앞에서 스스로 옳다 하는 자들이나 사람 중에 높임을 받는 그것은 하나님 앞에 미움을 받는 것'이라고 했는데(눅 16:15), 피아노를 치며 선생님에게 인정을 받아야 살아남으니까 그것이 죄인 줄도 모르고 하나님이 미워하시는 일을 하기에 여념 없는 세월을 살았습니다. 그러나 시집에서는 저의 모든 것을 동원해 보아도 무엇도 통하지 않았습니다. 그제야 제가 당하는 것은 제 삶의 결론임이 깨달아졌습니다.

그리고 이렇게 땅끝까지 낮아져서야 어머니가 생각났습니다. 어머니가 돌아가셨을 때 수십 권에 달하는 어머니의 설교노트를 아무런 가책도 없이 버린 저였습니다. 목사에게 가장 훌륭한 유산인 그 귀한 노트를 말입니다.

무학자인 시어머니, 말이 통하지 않는 남편, 도우미 아줌마들에게까지 무시를 당해 보니까 그제야 제가 얼마나 어머니를 외모로 무시하고 차별했는지를 깨달았습니다. 세상은 똥내를 풍기며 화장실 청소를 하시는 어머니를 대우하지 않았습니다. 교회에서도 누구도 알아주지 않았습니다.

그러나 어머니는 이 세상에는 바랄 것도 자랑할 것도 없다는 것을 온몸으로 보여 주셨습니다. 당시엔 그런 어머니를 이해할 수 없었지만, 제가 주님을 만난 후로는 매번 설교 때마다 어머니 이야기를 안 한 적이 없습니다. 여러분이 생각하기에 천국에서 상을 받는다면 제가 더 받겠습니까, 우리 어머니가 더 받겠습니까?

하나님은 낮고 낮아지는 흉년을 통해 저에게도 남은 것을 보게 하셨습니다.

첫째는 힘든 사람이 드디어 눈에 들어오기 시작했다는 것입니다. 일어날 힘 없고 누구에게도 말하지 못하는 사연을 가진 한 사람, 한 사람과 말씀을 묵상하며 그렇게 친구가 되었습니다. 여러분도 제가 해석해 주는 룻기 묵상이 재미있으십니까? 그렇다면 여러분도 저의 친구입니다.

둘째는 가정을 지키는 것이 최고의 가치라는 것입니다. 제가 살아오면서 가장 잘한 것 중 한 가지를 꼽으라고 하면 서울대 간 것도 아니고 오직 가정을 지킨 것입니다. 서울대에 가기 위해서 했던 수고의 천만 배의 노력으로 가정을 지켰습니다.

가정은 지킬 만한 가치가 있는 것입니다. 가정을 지켰기 때문에 하나님이 저를 쓰시는 것입니다. 자녀에게 줄 최고의 유산은 더럽히지 않은 호적등본입니다. 가정을 지키는 것은 십자가의 고통입니다.

돈 많고 아름답고 편해 보이는 모압이 더 좋아 보이지만 성경의 원리를 따르는 것이 최고의 '남았더라'의 인생이 되는 길입니다.

'드디어' 말씀이 들리게 된 간증이 있습니까? 여전히 말씀이 사모되지 않고 깨달아지지 않아 고난의 훈련을 받고 있습니까? 고난을 통해 말씀이 들리고 깨달아졌다면 삶에서 구체적인 회개와 돌이킴이 있습니까?

자유의지로 선택하게 하십니다

7 있던 곳에서 나오고 두 며느리도 그와 함께하여 유다 땅으로 돌아오
려고 길을 가다가 8 나오미가 두 며느리에게 이르되 너희는 각기 너희
어머니의 집으로 돌아가라 너희가 죽은 자들과 나를 선대한 것같이 여
호와께서 너희를 선대하시기를 원하며 9 여호와께서 너희에게 허락하
사 각기 남편의 집에서 위로를 받게 하시기를 원하노라 하고 그들에게
입 맞추매 그들이 소리를 높여 울며 10 나오미에게 이르되 아니니이
다 우리는 어머니와 함께 어머니의 백성에게로 돌아가겠나이다 하는

지라 11 나오미가 이르되 내 딸들아 돌아가라 너희가 어찌 나와 함께
가려느냐 내 태중에 너희의 남편 될 아들들이 아직 있느냐 12 내 딸들
아 되돌아 가라 나는 늙었으니 남편을 두지 못할지라 가령 내가 소망
이 있다고 말한다든지 오늘 밤에 남편을 두어 아들들을 낳는다 하더라
도 13 너희가 어찌 그들이 자라기를 기다리겠으며 어찌 남편 없이 지
내겠다고 결심하겠느냐 내 딸들아 그렇지 아니하니라 여호와의 손이
나를 치셨으므로 나는 너희로 말미암아 더욱 마음이 아프도다 하매

_ 룻 1:7~13

이 본문에서 우리가 가져야 할 의문이 있습니다. 유다 베들레헴, 이 좋은 찬송의 떡집으로 돌아가면서 나오미가 혼자 돌아가려고 하는 것이 말이 됩니까? 왜 며느리들더러 자꾸 친정으로 가라고 합니까? 너무 이상하지 않습니까? 큐티를 하면서 이런 의문을 가질 때 더 깊이 묵상하게 됩니다.

잘 모를 때는 말씀이 좋아서 마음껏 권합니다. 예배드리러 가자, 말씀 들으러 가자고 무조건 권합니다. 그런데 같이 가다 보니까 자기가 말씀을 듣고 돌이키기까지 얼마나 많은 일을 겪었는지 생각하게 됩니다. 남편 잃고 두 아들 잃을 때까지 정신을 못 차렸습니다. 원래 믿음이 있던 자신도 그랬는데, 이방인 출신에 불신자인 며

느리들이 이 길을 갈 수 있겠는가 싶은 겁니다. 지금 돌이켜서 가는 길이 십자가의 길이기 때문입니다. 시어머니로서 아무것도 해 줄 것이 없고, 돌아간다고 해도 보장해 줄 수 있는 것이 아무것도 없는 겁니다. 쌍과부도 아니고 시어머니와 며느리 둘, 세 과부가 빈털터리로 돌아가서 어쩌겠습니까. 유다 사람들이 이방 모압 출신 며느리들과 재혼을 해 줄 리도 없는데 무조건 같이 가자고 할 일이 아니라는 생각을 했을 것입니다. 게다가 나오미가 시어머니로서 믿음을 보여 준 것이 없으니 더더욱 권하기가 어려웠을 것입니다.

나오미가 같이 가기를 만류한 것은 며느리들의 상황을 생각했기 때문입니다. 신앙은 고집스러운 것이 아닙니다. 내가 만난 예수님을 다른 사람도 만나면 좋지만, 누구보다 자신이 하나님을 떠나고 힘든 경험을 했기에 오지 말라고 하는 것입니다. 나오미는 만약 며느리들이 택자라면 하나님이 어떻게 해서든 돌아오게 하실 거라고 믿었습니다. 그래서 인격적으로 접근을 한 것입니다. 나오미가 내가 죄인이라는 것, 그래서 하나님께서 나를 치셨다는 것을 인정하기에 이런 말도 할 수 있었습니다.

17세기 어느 수녀가 다음과 같이 기도를 드렸답니다.

"주님, 주님께서는 제가 늙어 가고 있고 언젠가는 정말로 늙어 버릴 것을 저보다도 잘 알고 계십니다. 저로 하여금 말 많은 늙은이가 되지 않게 하시고, 특히 아무 때나 무엇이나 한마디 해야 한다는 치명적인 버릇에 걸리지 않게 하여 주시옵소서.

모든 사람의 삶을 바로잡고자 하는 열망에서 벗어나게 하소서. 저를 사려 깊으나 시무룩한 사람이 되지 않게 하시고 남에게 도움을 주되 참견하기를 좋아하는 그런 사람이 되지 않게 하여 주시옵소서. 제가 눈이 점점 어두워지는 것은 어쩔 수 없겠지만 저로 하여금 뜻하지 않은 곳에서 선한 것을 보고 뜻밖의 사람에게서 좋은 재능을 발견하는 능력을 주소서. 그리고 그들에게 그것을 선뜻 칭찬해 줄 수 있는 아름다운 마음을 주소서. 아멘."

신앙이라는 것은 내가 하나님의 은혜로 구원 받아 자랑할 것이 없기 때문에 상대방에게도 하나님의 주권을 인정하는 마음이 드는 것입니다. 내가 가는 길이 이타적이고, 야망이 아닌 사명의 길이고, 영생의 길일지라도 이 길은 좁은 길입니다. 그래서 이 길은 너희 힘으로 갈 수 없는 길이라고 간절한 심정으로 전합니다. 며느리들이 옆에 있어 주기만을 바라지 않고 객관적인 현실을 정확하게 말해 줍니다. 모든 상황을 정확하게 말해 준 후에 며느리들이 자유의지로 선택하게 하는 것입니다. 나는 내가 좋아서 가는 것임을 온

몸으로 보여 주지만, 그 길은 좁고 힘드니 네 자유의지로 선택하라는 것입니다.

선악과도 마찬가지입니다. 하나님이 먹지 말라고 하셨지만 먹는 것을 금하기 위해 봉쇄하지는 않으셨습니다. '선악과를 먹고 안 먹고는 너희의 자유의지에 달려 있다'고 말씀하시는 것입니다.

가나안 땅을 정탐할 때도 마찬가지입니다. 열 명의 정탐꾼은 '우리는 메뚜기 같고 아낙 자손은 장대해서 능히 올라가 정복하지 못한다'고 했습니다. 하지만 여호수아와 갈렙은 '그들은 우리의 먹이'라고 하면서 하나님을 온전히 신뢰했습니다.

그런데 이스라엘 백성은 그들의 자유의지로 열 명의 정탐꾼의 보고를 선택했습니다. 하나님이 알아서 모든 것을 인도해 주시면 좋겠지만, 하나님은 이런 선택 하나하나를 통해서 우리를 훈련해 가십니다. 우리가 택자라면 잘못된 선택을 통해서도 훈련해 가실 것을 믿습니다.

결혼에 있어서도 나오미 같은 태도를 보여 줘야 합니다. "나는 가진 것이 없습니다", "배운 것이 없습니다", "우리 집은 상처가 많아요. 그러니까 다른 사람이랑 하세요. 나는 주님을 믿고 살아가지만, 당신이 고생할 것을 생각하면 제 가슴이 아픕니다." 이렇게 말하는 것이 신앙입니다. “내가 믿음이 있는데 돈이 없으면 어떠냐! 무조건 같이 가자!” 이것은 자기 죄를 깨닫지 못하는 고집입니다.

며느리가 우리 집에 처음 인사를 왔을 때, 저는 “네가 우리 아들과 살아 줄 것을 생각하니 지금부터 미안하고 매우 고맙다”고 했습니다. “그러나 결혼 전에 아니라고 생각하면 언제라도 그만두어라. 그만둘 길은 결혼 전이다. 결혼 후에는 다른 선택이 없다”고 말해 주었습니다. 며느리나 사윗감에게 ‘우리 애가 얼마나 착한 줄 아냐, 얼마나 똑똑한 줄 아냐, 너는 정말 결혼 잘하는 거다’ 이런 소릴 하는 사람은 정말 바보입니다.

결혼의 목적이 행복이 아닌 거룩이기에, 결혼생활이 좁은 길이기 때문에, 이 길이 힘들 것이라고 객관적으로 말을 해 주는 것이 배려이고 사랑입니다. 지금은 다 좋아 보여도 결혼하면 더 싸우고 힘들 것이라고 정확하게 말해 주고 선택을 맡겨야 합니다.

16년 전, 룻기 말씀을 묵상하며 교회 개척의 인도함을 받았습니다.

그때 저에게도 나오미와 같은 마음이 있었습니다. 여자에, 남편도 없고, 교회 개척 준비 위원이 있는 것도 아니고, 자금이 있는 것도 아니었습니다. 머물 곳도 없이 돌아가는 나오미의 심정으로 떠나는 것이 저의 목회 길이었습니다. 한국 교단에서 여성 목사로 서는 게 얼마나 힘든지 알기에 저는 그 길을 가고 싶지 않았습니다. 그냥 큐티 모임이나 하면 되지 목사가 되어 왜 가시밭길을 가려 하는가 하는 생각도 들었습니다.

그렇게 제가 가는 길이 얼마나 힘들지 알았기에 정말 구원에 대한 애통함이 없이는 저를 따라올 사람이 없다고 생각했습니다. 그런 사람이 아니라면 와서도 안 된다고 생각했습니다. 그래서 큐티 모임에 많은 분이 참석하고 있었어도 그분들에게 같이 가자고 청하지 않았습니다. 이미 말씀을 사모해서 큐티 모임까지 오신 분들이니 각자 교회에서 잘 섬기고, 주변의 구원 받아야 할 불신자들을 보내 달라고 청했습니다. 저는 불신자와 환난당하고 빚지고 원통한 사람들과 함께 갈 것이라고 했습니다.

저는 교회를 시작하는 것이 진정 하나님이 원하시는 일인지 구하고 싶었습니다. 하나님의 뜻이라면 한 사람이라도 구원 받을 영혼을 보내 주실 거라고 생각했습니다. 그런데 개척 준비 기도 모임을 할 때까지 온다고 하는 사람이 아무도 없는 겁니다. 정말 아무도 안 올 거라는 생각에 외로운 마음도 들었는데, 첫날 그 주일에 힘든 상황에 있는 독신 자매 몇 명과 열세 가정이 참석했습니다. 제가 기도한 것처럼 힘들고 어려운 분들이 오셔서 그분들과 함께 교회를 시작했습니다. 제가 25년 동안 섬겼던 본 교회에서는 오신 분들이 거의 없어서 부담을 덜 수 있었습니다.

교회를 시작하는 것이 힘들어도 저에게는 가야 하는 길이었습니다. 평신도로 큐티 사역을 오래 해 왔는데 점점 모이는 인원이 많아지고, 저의 위치가 애매했습니다. 평신도가 성경을 가르치고 인도한다는 것이 문제가 될 수 있다는 교회의 권유로 50세가 다 되어서 신학 공부를 했습니다. 불신자들의 영혼 구원을 위해 주일 사역을 해야겠다고 생각하고 전도사로 섬기고 싶었지만 저를 써 주는 곳이 없었습니다. 당시 큐티 모임을 기반으로 큐티선교회를 이끌고 있었는데 저에게 처음 큐티 모임을 맡겨 주신 목사님과 몇 분의 목사님들이 이사로 계셨습니다. 이사 목사님들께 저의 사역에 대해 의논을 드렸더니 몇 사람이라도 데리고 가정 교회를 시작해 보라고 제안해 주셨습니다. 그러면서 여자 목사가 목회하기에 힘든 풍토이니 이사회가 울타리가 되어 주시겠다고, 각 교단을 대표한다고 볼 수 있는 목사님들이 우리들교회를 후원한다고 주보에 이름을 쓰도록 허락해 주셨습니다. 이사 목사님 중에 홍정길 목사님, 김진홍 목사님, 이동원 목사님, 이철 목사님은 원로가 되셨습니다. 그리고 옥한흠 목사님과 김인수 장로님은 하나님 품으로 가셨습니다.

제가 돈을 억만금 가지고 있다 한들 이렇게 교회를 하는 것이 가능했겠습니까? 제힘으로 교회를 하겠다고 했다면 이런 일들이 일어날 수 있었겠습니까? 당시 목사님들께서 교회를 개척하라고 제안해 주시고 허락해 주시지 않았으면 아마 지금까지도 못 했을 겁니다. 그런 단계를 하나하나 거쳐서 지금까지 올 수 있었습니다. 단계마다 검증을 거치며 하나님의 말씀대로 적용하고 왔기에 우리들교회가 성장하고 부흥하는 것을 모두가 축하해 주셨습니다.

나오미라고 두 며느리를 데리고 가고 싶지 않았겠습니까? 그러나 굳세게 만류하는 것은 이 길이 어렵기 때문입니다. 저 김양재라는 사람이 좋아서 오면 정말 십 리도 못 가서 발병 나는 겁니다. 건물도 없었고 게다가 여자 목사인데 누가 참여하겠습니까? 그러니 큐티 모임에 천 명이 모였어도 막상 교회를 한다고 하니까 정말 힘든 소수의 사람만 온 것입니다.

우리들교회 창립 예배에 김동호 목사님께서 축사를 하셨습니다. 여성 목회자가 가는 길은 거의 신유나 기도에 치우치는데 말씀으로 목회를 해도 부흥이 될 수 있다는 것을 보여 주기 원한다고, 그러기 위해서 우리들교회가 수적으로 부흥하게 해 달라고 기도하셨습니다. 이런 축사는 해본 적이 없다고 하셨습니다.

하나님은 그 말씀대로 우리들교회를 부흥시켜 주셨습니다. 제가 연약함에도 영혼 구원을 위해, 가정을 지키기 위해 이 교회가 필요하다는 것을 하나님께서 보여 주셨다고 생각합니다. 앞으로 남은 인생을 고생한다고 해도 그것은 천국의 상과는 견줄 수 없을 것입니다. 아무리 고달프다고 해도 하나님께서 때마다 인도하시고 돕는 손길이 있었습니다. 그리고 앞으로도 그러할 것을 믿습니다.

자녀들의 결혼, 입학, 취업의 길을 어떤 말로 준비합니까? "엄마가 뭐든 도와줄게! 넌 무조건 잘될 거야!" 하면서 잘못된 선택으로 인도합니까? 자녀의 믿음과 수준을 정확하게 보고 현실을 직시하게 하며 바른 선택을 하도록 돕고 있습니까?

선택은 내 몫입니다

그들이 소리를 높여 다시 울더니 오르바는 그의 시어머니에게 입 맞추되 룻은 그를 붙좇았더라 _룻 1:14

선택은 두 길이 있습니다. 사망의 길과 생명의 길, 은혜의 길과 멸망의 길이 있습니다. 나오미가 자기 죄를 보고 여호와께서 나를 치셨으니 내가 무슨 할 말이 있겠느냐고, 조심스럽게 며느리들의 자유의지로 선택하라고 권했습니다. 이 말을 알아듣고 생명의 선택을 하는 룻이 있고 못 알아듣고 사망의 선택을 하는 오르바가 있습니다. 처음에는 둘이 똑같이 눈물을 흘리고 따르겠다고 했지만 오르바는 떠나고 룻은 남았습니다. 그 결과 오르바의 이름은 이후로 성경에서 완전히 사라지고, 룻의 이름은 다윗과 예수 그리스도의 조상으로 영원히 남았습니다.

오르바가 시어머니에게 입을 맞추고 떠나는데 항상 입 맞추는 사람을 조심해야 합니다. 유다도 예수께 입을 맞추고 떠났습니다. 오르바는 '작은 사슴'이란 뜻입니다. 가녀리고 착한 이미지입니다. 룻은 '선한 벗'이란 의미를 가지고 있습니다. 위클리프 성경 사전에 랍비 문헌을 인용해 기술한 내용이 있는데, 그것에 의하면 이 오르바가 나중에 골리앗의 어머니가 되었다고 합니다. 골리앗은 다윗의 물맷돌에 맞아 죽은 블레셋의 거인 장수입니다. 키가 여섯 규빗 한 뼘으로 3미터가 훨씬 넘는, 다윗이 쳐다볼 수도 없는 장대한 장수였습니다. 가녀리고 연약한 오르바가 나오미를 떠나서 아주 잘살았던 모양입니다. 세상에서 장수를 키워 낸 엄마가 되었습니다. 그렇게 세상에서 잘살고 성공하다가 지옥에 갔다는 모델이 될 수 있습니다. 어떤 사람은 오르바는 친정이 부자여서 돌아가고 룻은 친정이 가난해서 시어머니를 따라갔다고 하는데 그 말도 일리가 있습니다. 저를 봐도 친정이 부자였다면 저는 100% 이혼을 했을 겁니다. 그래서 저는 친정이 가난한 것이 축복이라고 생각합니다.

이 내용대로라면, 오르바는 골리앗의 어머니가 되고 룻은 골리앗을 쓰러뜨린 다윗의 증조모가 되었습니다. 위클리프 성경 사전을 보면, 오르바가 룻과 함께 그 시어머니 나오미를 40보 정도 따라가다가 그 백성과 그 신에게로 돌아갔는데, 공교롭게도 골리앗이 이스라엘 군대를 괴롭힌 날수가 40일입니다. 그래서 이스라엘 백성이 자녀교육의 하나인 '쉐마'를 낭송할 때 그 이야기를 꼭 읽어 준다고 합니다. 오르바의 길은 멸망의 길이고 룻의 길은 생명의 길이라는 걸 가르치는 것입니다.

이것을 문자적으로 듣고 교회 안 가면 오르바고 교회 가면 무조건 룻이냐고 하시면 안 됩니다. 두 번쯤 강권한 후 헤어졌기 때문에 인간적으로는 오르바가 무엇을 잘못했느냐고, 나오미가 가라고 하지 않았냐고 할 수 있습니다. 떠난 오르바도 남은 룻도 다 착한 며느리로 보입니다. 오르바도 처음에는 믿는 시어머니를 따라가기로 신앙적 결단을 했습니다. 그러나 결국에는 자신의 선택으로 떠났습니다. 구원은 만세 전부터 예정된 것이지만 믿음은 각자의 선택입니다. 교양이 우리를 구원으로 이끄는 것이 아닙니다. 악을 쓰면서도 하나님을 붙좇아야 하는 것입니다.

하나님이 오르바에게 기회를 안 주신 것이 아닙니다. 오르바가 자기 선택으로 은혜의 길을 버리고 욕심을 따른 것입니다. 사울도 이스라엘 초대 왕으로 선택되었지만 다윗을 미워하는 데 허송세월하다가 비참한 멸망의 길을 스스로 걸어갔습니다. 유다도 예수님의 열두 제자 속에 들어가는 엄청난 복을 누렸지만, 은 30냥에 눈이 멀어 예수님을 파는 저주의 길을 스스로 선택했습니다. 선택은 자기 몫입니다.

그러므로 어떤 사람도 마지막 심판의 날에 "하나님이 나에게 은혜의 길을 안 주셨습니다"라고 변명할 사람은 없습니다. 누군가를 통해서 계속 길을 제시했는데 선택은 자기가 한 것입니다. 내가 그래도 따라가려고 했었다고, 시어머니가 너무 가라고 해서 간 거라고 합리화를 해봐도 결국 선택은 자기가 한 것입니다.

룻도 오르바도 눈물을 흘렸습니다. 하나는 진짜 눈물이고 하나는 성품으로 흘리는 가짜 눈물입니다. 그러니 눈물을 흘리는 것도 다 믿을 수가 없습니다.

얼마 전 주일 유아세례 때 명문대 출신의 아버지가 자신의 부동산 중독을 고백하면서 울며 회개하기에 참 많이 은혜를 받았습니다. 부동산도 모조리 정리했고, 앞으로는 예배 시간도 잘 지킬 거라고 했습니다. 그런데 몇 주 후 수요예배 때 예배를 빠지고 회식을 갔다는 이야기를 그분의 목자를 통해서 들었습니다.

울면 뭐합니까? 얼마 지나지 않아 이렇게 무너질 것을요. 회사 동료가 교회는 매주 가니까 회식에 가야 한다고 했답니다. 믿지도 않는 사람에게 그걸 물어 보면 되겠습니까?

이 집사님도 하나님께서 너무 사랑하시는가 봅니다. 그분의 소식이 저에게 날마다 들려오니 어쩔 수 없이 이야기하게 됩니다.

아무리 울어도 진짜 회개를 해야 합니다. 진짜 눈물을 흘려야지 성품으로 흘리는 눈물로는 안 됩니다.

히브리서 10장에는 "나의 의인은 믿음으로 말미암아 살리라 또한 뒤로 물러가면 내 마음이 그를 기뻐하지 아니하리라 하셨느니라 우리는 뒤로 물러가 멸망할 자가 아니요 오직 영혼을 구원함에 이르는 믿음을 가진 자니라"(히 10:38~39)라고 기록되어 있습니다.

어느 집사님의 아들이 집사님의 핸드폰으로 무려 32만 원을 결제했다고 합니다. 얼마 전에도 백만 원을 결제한 적이 있어서 아들의 핸드폰을 빼앗았는데 또 이런 일이 생겼습니다. 이럴 때 어떻게 해야 할까요? 아들을 어떻게 가르쳐야 합니까? 이놈을 때려야 하는가, 말아야 하는가 선택해야 하지 않겠습니까?

이때 집사님은 우리들교회 간증에서 들은 대로 "아빠가 너를 잘못 가르쳤으니 나를 때려라" 했답니다. 교회에서 들은 것은 있어서 이런 선택을 했습니다. 그랬더니 처음에는 아빠를 어떻게 때리냐며 머뭇거리던 아들이 회초리로 집사님의 종아리를 내려치기 시작했습니다. 덩치 큰 아들이 다섯 대를 때리는데 얼마나 힘껏 내려치는지 한두 대 맞으니 악 소리가 나더랍니다.

그만 때리라고도 할 수 없어서 그대로 다 맞고 끝내 아들도 울었다고 합니다. 그래서 이제는 아이가 좀 변하겠구나 싶었는데 글쎄 그다음 날 보니 똑같더라는 겁니다.

집사님은 구원도 아내 치맛자락 붙잡고 가려고 했는데, 아이를 야단치는 것도 남을 따라 하려다가 죽을 뻔했다고 고백했습니다. 자식을 위해 아빠가 먼저 회개해야 하는데, 남 따라 하려다가 아파 죽는 모습만 보이니 아이가 감동하겠습니까?

우리는 항상 선택의 문제에 직면합니다. 입시를 치를 때도, 취업을 할 때도, 결혼할 때도 선택의 기로 앞에 섭니다. 이때 사소한 일에도 말씀의 인도함을 받으며 그 말씀대로 적용하는 사람은 생명의 선택을 합니다.

이 집사님이 이렇게 흉내 낸 것도 먼저 들은 간증이 있기 때문입니다. 말씀묵상이 그래서 큰 힘이 되고, 함께 나눌 수 있는 공동체가 중요합니다. 선택을 하는 데 믿음의 공동체가 큰 도움이 되기 때문입니다.

또 어떤 집사님은 친정의 뜻에 따라 마음에도 없는 결혼을 했다고 합니다. 남편은 늘 일찍 출근하여 늦게 들어오고, 말 상대 하나 없이 혼자 집에 있으려니 마치 독도에 떨어진 것처럼 너무 외로웠답니다

어느 날 남편이 허리가 아파서 한 달간 꼼짝없이 집에 누워만 있어야 하는 신세가 되었습니다. 그런데 집사님은 남편의 대소변을 받아 내는 것도 행복하고, 끼니때마다 남편의 밥을 손수 차려 줄 수 있어서 기뻤다고 합니다.

'저것이 나를 그렇게 외롭게 하더니 쌤통이다. 어디 실컷 아파 봐라!' 이래야 할 텐데, 집사님 스스로 불행 대신 행복을 선택했습니다. 내가 행복하기로 결정한 것입니다.

이것도 마음의 선택 아니겠습니까? 저는 이것이 영적인 선택이라고 생각합니다.

구원에 이르는 믿음의 길을 중도에 포기하면 오르바처럼 아니 감만 못한 인생이 됩니다. 경력과 열심, 공로로 구원 받는 것이 아닙니다. 오직 믿음으로 구원을 얻습니다. 믿음은 나의 선택입니다. 항상 두렵고 떨림으로 구원을 이루어 갈 때 하나님 나라에 이르러 영광의 면류관을 얻게 될 것입니다. 핑계 댈 것이 하나도 없습니다. 언제나 생명의 선택을 하는 것은 나입니다. 사망의 선택을 하는 것도 나입니다. 순간의 선택이 영원을 좌우하기에 순간의 선택이 가장 중요하고 가장 힘든 것입니다.

오늘 어떤 선택을 했습니까? 그 선택이 구원을 위한 생명의 선택입니까, 내 이익을 챙기고 내 잘못을 감추고 하나님을 거역하는 사망의 선택입니까?

모든 만남은 소중합니다.

지금 이 순간 만나고 있는 모든 사람이 소중한 사람입니다.

지금 이 순간 내가 하고 있는 일이

나와 가정의 운명을 바꿔 놓을 소중한 일입니다.

말씀으로 기도하기

선택은 회개하고 돌아올 때, 하나님의 말씀이 들릴 때 잘 할 수 있습니다. 사망이냐 생명이냐의 선택은 자유의지입니다. 우리는 늘 선택의 기로에 서 있습니다. 신앙인격으로 자유의지로, 사망과 생명의 갈림길에서 믿음으로 올바른 선택을 하도록 기도합니다.

말씀이 들리는 선택이 최고의 선택입니다. (룻 1:6)

찬송의 떡집, 유다 베들레헴에서도 안 들리던 말씀이 영적으로 멸시 받는 모압 땅에서 나오미에게 들렸습니다. 즐거움과 희락의 나오미처럼 나의 성품으로 고난을 이겨 내면서 말씀을 무시했던 것을 회개합니다. 그럼에도 택함 받은 자이기에 하나님께서 권고하신다는 소식을 듣게 하시고, 정신 차리게 하시니 감사합니다. 말씀이 들림으로 회개하고, 즉시 돌이키게 하옵소서.

자유의지로 선택하게 하십니다. (룻 1:7~13)

나오미는 찬송과 말씀의 떡집인 베들레헴으로 돌아가면서 며느리들에게는 친정으로 돌아가라고 권합니다. 믿음으로 돌이키는 것이 십자가의 길이고 좁은 길이기에 강요할 수 없는 것임을 깨닫게 하옵소서. 자녀를 객관적으로 바라보며 현실을 직시하게 하는 부모가 되기 원합니다. 자녀와 가족, 이웃에게도 하나님의 주권을 인정하고 밀어붙이는 전도가 아니라 사랑과 인내로 전하게 하옵소서.

선택은 내 몫입니다. (룻 1:14)

처음에는 룻과 오르바가 똑같이 눈물을 흘리고 따르겠다고 했지만, 오르바는 떠나고 룻은 남았습니다. 오르바는 이름이 사라지고 룻의 이름은 다윗과 예수 그리스도의 조상으로 영원히 남았습니다. 사망과 생명의 선택, 은혜와 멸망의 선택이 결국 나의 몫인 것을 알기 원합니다. 내 유익과 욕심과 판단을 버리고 생명의 길을 택하게 하옵소서. 사소한 일에도 구원을 위한 선택을 하며 말씀대로 적용할 때 인생의 큰 선택들도 잘하게 하실 것을 믿습니다.

우리들 묵상과 적용

저는 '남한테 무시 받지 않으려면 열심히 돈을 벌어야 한다'는 어머니의 가정 교육 아래 돈을 최고라고 여기며 살았습니다. 결혼 후 방황하는 딸 때문에 아내를 따라 교회를 찾았지만, 제가 원해서 간 것이 아니기에 속으로 분이 났습니다.

교회에 다니며 딸의 길었던 방황이 조금 그치나 싶었지만 다시 이어졌고, 아들도 말썽을 피우기 시작했습니다. 아들은 저녁마다 제 핸드폰을 만지작거렸는데, 저는 뭐 하냐고 묻지도 않았습니다. 그러다 핸드폰 요금 폭탄을 맞는 사건이 찾아왔습니다. 무엇이든지 긍정적으로 생각하는 성품으로 매사에 심각하지 않아 고난을 자초한 것입니다. 처음에는 요금이 10만 원 정도 나왔길래 말로만 야단쳤는데 100만 원에 가까운 요금이 나오고 나서야 문제의 심각성을 알았습니다. 분명 여호와께서 저를 치신 사건임에도, 아들이 많은 돈을 게임에 털어 넣어 이런 일이 생겼다는 생각에 화가 머리 끝까지 났습니다.

그러다 아들의 무거운 책가방을 들고 서 있으면서 힘든 아들을 공감하고 자녀와 소통의 문이 열렸다는 어느 집사님의 주일 간증을 듣고 정신이 번쩍 들었습니다. 그래서 저도 그 집사님의 적용을 흉내 내며 아빠가 너를 잘못 키웠다고, 그 벌을 아빠인 내가 받아야 하지 않겠냐며 아들에게 저를 때리라고 했습니다. 아들은 처음에는 머뭇거리더니, 회초리로 무지막지하게 저를 내려치기 시작했습니다. 몸무게가 100kg이 넘는 아들이 있는 힘껏 때리는데 악 소리도 못 내고 3대째에는 아들을 쳐다보았습니다. 그만하자는 말도 못 하겠고 다시금 이를 악물고 맞으니 아들의 눈에 눈물이 흘렀습니다. 아들에게 "장하다 아들아" 했지만 아침에 일어나니 제 종아리에는 멍만 남았고 아들은 여진히 스마트폰만 했습니다.

이 일로 아들에게 진심이 통하기까지는 많은 과정이 필요하다는 것과 이렇게 흉내만 내다가는 죽도록 매만 맞고 아내 치맛자락만 붙들다가 천국도 못 가겠다는 것을 깨닫게 되었습니다. 나오미가 두 아들이 죽고 나서야 말씀이 들린 것같이(룻 1:5) 저도 두 자녀에게 문제가 생기니 이제야 자녀를 병들게 한 문제 부모임이 깨달아져 하나님의 옳으심을 인정하게 되었습니다. 부족한 저에게 말씀이 들리게 해 주시고 생명의 선택을 하며 갈 수 있게 해 주신 하나님, 사랑합니다.

기도

하나님 아버지, 우리는 각자 선택의 기로에 서 있습니다. 그리고 가장 최고의 선택은 말씀이 들리는 선택이라고 했습니다. 말씀이 들리는 선택은 회개이고, 회개는 U턴이고 방향을 완전히 바꾸는 것이라고 하시오니 이 순간 회개하고 돌이키게 하옵소서. 방향을 바꾸는 것은 내 죄를 보는 것입니다. 그럴 때 다른 사람에게 편협하게 강요하지 않고 자유의지로 선택하게 하는 이해와 아량을 보여 주게 될 것을 믿습니다. 자유의지로 선택하기를 원하시는 하나님의 마음을 알면서도 우리는 하나님의 말씀을 빙자해서 강요합니다. 내가 책임지기 싫어서 날마다 남이 선택해 주는 것을 즐기고 있습니다.

주님, 그러나 내 인생의 모든 책임은 그 누구에게 있는 것이 아니며, 결혼의 책임도 누구에게 있는 것이 아니고 바로 나에게 있는 것임을 알게 해 주옵소서. 나의 욕심 때문에 모든 일이 일어났습니다. 이제 자유의지로 선택하기 원하시는 주님의 음성에 내가 사망과 생명 중에서 생명을 선택하기 원합니다. 욕심으로 멸망의 길을 택하지 않기를 원합니다. 핑계 대지 않게 해 주시옵소서. 지금이라도 늦지 않았습니다. 오늘 다시 말씀을 듣기 원합니다. 결혼과 직업과 모든 진로의 문제에 있어서 말씀이 들리기 원합니다. 내가 아침마다 말씀을 묵상하고 교회 공동체와 예배를 귀하게 여기고, 사소한 것부터 영적인 선택을 할 때 나의 입이 완고하지 않으며 듣는 이들의 귀가 완고하지 않을 줄 믿습니다. 다른 사람을 살리기 위한 생명의 선택을 할 때 내가 생명을 나누어 주는 자가 될 줄 믿습니다. 오늘도 최고의 선택을 할 수 있도록 역사하여 주옵소서. 예수님의 이름으로 기도합니다. 아멘.

하나님 아버지,

한 사람의 충성으로 많은 사람과 가정이 살아난다고 하십니다.

오늘 구원을 위해 충성하게 하옵소서.

chapter 3

하나님께로 돌아가는 충성

룻기 1:14~22

"몇 번을 읽어도 좋은 책처럼, 매일 듣고 싶은 노래처럼, 평생 가까이에서 서로 감탄하며 살겠습니다."

어느 청첩장에서 본 글귀입니다. 우리가 서로 감탄하려면 충성과 사랑이 있어야 합니다. 그런데 부부간에 이런 충성과 사랑이 있기가 어렵고 평생 감탄하면서 살기는 더욱 어렵습니다. 감탄이 아니라 한탄할 일이 더 많은 것이 결혼생활, 부부관계입니다.

어느 남자 집사님이 '응답 받지 못한 기도'에 대해 나누면서 "결혼 전 현숙한 여인 얻기를 간구했다. 믿음을 당연히 보았지만, 외모도 준수한 사람이기를 바랐다. 그런데 마음대로 되지 않았다"고 했습니다. 아내와의 결혼이 응답 받지 못한 기도라고 대놓고 나눔을 했습니다. 아내는 아내대로 "이제까지 부부로 산 것이 아니라 노동자로 살았다"면서, 이혼을 선언하고 부산행 열차를 타고 가출했습니다. 감사하게도 열다섯 시간 만에 회개하고 돌아왔다고 합니다.

같이 교회를 다니고 말씀을 들어도 부부간에 충성하기가 이렇게 어렵습니다. 고부간에는 어떻겠습니까? 고부가 서로 충성하고 사랑하면서 살기는 더더욱 어렵습니다. 젊은 날 고된 시집살이 때문에 남편과의 사랑이 좌절되었다는 어느 집사님은, 남편 대신 아들에게 애정을 쏟았다고 합니다. 그런 아들이 결혼해서 며느리가 새로운 경쟁자가 되니 내적 투쟁이 끊이지 않는다고 고백했습니다. 요즘은 시어머니도 며느리도 서로 당하는 입장입니다. 도리어 며느리가 더 구박하는 경우도 있습니다.

어떤 성경학자는 암울한 사사기와 피폐한 사무엘서가 딱딱한 두 조개껍질과 같다면, 룻기는 그 틈에 끼인 영롱한 진주알 같다고 격찬했습니다. 왜 그럴까요? 룻의 충성은 죽음에 이르는 충성이었기 때문입니다. 룻과 나오미 사이에는 고부간의 아름다운 관계 그 이상을 보여 주는 충성과 사랑이 있기 때문입니다.

충성할 수 없는 일곱 가지 이유

그들이 소리를 높여 다시 울더니 오르바는 그의 시어머니에게 입 맞추되 룻은 그를 붙좇았더라 _룻 1:14

'붙좇았더라'라는 단어는 '굳게 결합하다', '붙들고 늘어지다'라는 의미가 있습니다. 남녀의 결혼 관계, 하나님과 백성의 관계에서 뜻을 같이하며 진심으로 따른다는 말입니다. 룻이 진심으로 전심으로 전인격적으로 나오미를 따랐던 것입니다.

> 나오미가 또 이르되 보라 네 동서는 그의 백성과 그의 신들에게로 돌아가나니 너도 너의 동서를 따라 돌아가라 하니 _룻 1:15

인간적으로 생각해 보면 룻이 도저히 나오미를 따라갈 수 없는 상황이었습니다. 나오미도 룻이 함께 갈 수 없다고 생각하고, 네 동서도 돌아갔으니 너도 돌아가라고 했습니다.

룻이 충성하지 않아도 되는 일곱 가지 이유가 있습니다.

첫째, 시어머니를 안 따라가도 잘못이 아닙니다. 남편이 죽으면 자기가 살던 고향으로 돌아가는 것이 당시 관행이었습니다.

둘째, 나오미가 너무 가난합니다. 고향에 가면 젊은 룻이 혼자서 나오미를 부양해야 합니다. 살 곳도 없고 기댈 곳도 없습니다.

셋째, 룻은 모압 족속 이방인이었습니다. 모압 족속은 아브라함의 조카 롯이 딸들과 근친상간을 해서 낳은 자녀의 후손입니다. 그래서 당시 모압인은 유대인에게 개만도 못한 취급을 받았습니다.

룻이 유다 땅으로 간다면 심각한 인종차별을 각오해야 했습니다.

넷째, 나오미에게서 나올 아들도 없고 룻이 이방 여인이기에 재혼은 꿈도 못 꿀 상황입니다.

다섯째, 나오미는 축복이 따르는 사람이 아니었습니다. 본인이 말한 것처럼 여호와의 손이 나를 쳤다고 하는, 세상적으로 보면 되는 것이 없는 사람입니다.

여섯째, 룻에게 이렇다 할 명분이 없습니다. 남편도 자식도 없는 이 가정을 누구를 위하여 지키겠습니까?

일곱째, 나오미는 영적으로도 존경 받을 만한 사람이 아니었습니다. 먹고살겠다고 믿음을 저버리고 모압에 가서 이방 여인을 며느리로 삼았습니다. 하나님 말씀과는 상관없이 살았습니다.

룻에게는 나오미를 붙좇을 이유도, 충성할 이유도 전혀 없었습니다. 부모가 훌륭해서, 부모가 존경스러워서, 나한테 너무 잘해 주고 흠이 없어서 충성한 것이 아니라는 말입니다. 나오미가 룻에게 뭘 해 줬습니까? 해 준 게 없을뿐더러 도리어 모시고 살아야 할 판입니다. 그래서 따르기는커녕 충성할 수 없는 이유가 쌓였는데도 룻이 충성을 했다는 겁니다.

"하나님께 충성하라고? 하나님이 나한테 뭘 해 줬는데?" 하는 것이 우리의 주제가입니다. 예수님을 믿어도 하나도 잘된 게 없다고, 그래서 충성할 수 없다고 합니다. 결혼에 충성하고 싶어도 충성할 수 없는 이유가 수백 가지이고, 사랑할 수 없는 이유는 수천 가지입니다. 교회에 충성하고 싶어도 김 목사, 이 장로, 박 집사 때문에 할 수가 없습니다. 여기에서 룻이 충성할 수 없는 이유를 일곱 가지 꼽았는데 어디 일곱 가지뿐이겠습니까? 이래서 저래서 충성할 수 없는 이유가 우리에게 넘쳐납니다.

한 방송국에서 하는 가족 찾기 프로그램을 보면서 눈시울이 참 붉어졌습니다.

한 어머니는 30년 전 구들장도 없는 허름한 창고에서 아이 셋을 키웠습니다. 그러다 보니 세 아이 모두 병들고 말았습니다. 그중 100일 된 막내를 데리고 병원에 갔지만 돈이 없어서 치료조차 할 수 없었습니다. 그렇다고 아픈 아이를 데리고 일을 할 수도 없었습니다.

사정이 이러니 주변에서는 아이들을 입양 보내라고 권했습니다. 처음에는 펄쩍 뛰었지만, 아이들을 살리려면 그래야겠다고 생각했습니다. 아이들이 병들고 굶어 죽게 내버려 두는 것보다 입양을 보내는 게 낫지 않겠습니까? 그래서 눈물을 머금고 아이들을 보냈지만, 30년 동안 한 번도 잊은 적이 없다고 합니다. '아이들 얼굴을 한 번만 봤으면 좋겠다'는 어머니의 간절한 호소에 마음이 너무 아팠습니다.

그러나 입양된 자식은 그 부모를 미워하면서 평생을 보내기도 합니다. '우리 엄마는 나를 왜 버렸나' 원망스럽지 않겠습니까? 부모는 자식을 살리고자 보냈지만, 그 사정을 모르는 자식의 입장에서는 부모에게 버림을 받았다고 생각할 것입니다.

그래도 이런 부모는 이해라도 됩니다. 더 성공하겠다고 믿음의 땅을 떠나서 자식들에게 모압 가치관을 심어 준 나오미 부부가 훨씬 나쁜 부모입니다. 나오미는 실패의 상징입니다.

성경에 보면 나오미와 같이 실패한 부모가 참 많습니다.

믿음 좋은 노아도 포도주에 잔뜩 취해 아들들 앞에 하체를 드러내 보이는 실수를 했습니다. 그러고는 둘째 아들 함이 그것을 형제들에게 고했다고 그를 저주했습니다(창 9:24~25). 잘못은 자기가 해 놓고 말입니다.

다윗이 문란하니 그의 잘생긴 아들 압살롬이 백주에 백성들이 보는 앞에서 자신의 어머니나 다름없는 다윗의 후궁들과 동침을 했습니다(삼하 16:22). 다윗이 자신의 어머니를 쳐다보지도 않으니 그

분노가 쌓여 이런 만행을 저지른 것입니다.

그런데 하나님은 설령 아버지의 허물로 인해 자녀가 범죄했을지라도 그 자녀에게 죄를 물으십니다. 노아와 다윗의 연약함 때문에 아들들이 실수했지만 함도 압살롬도 자기 죄에 보응하여 벌을 받았습니다. 그러니까 노아도 다윗도 훌륭해서 믿음의 조상이 된 것이 아니라는 말입니다. 훌륭한 부모만이 믿음의 조상이 되는 것이 아닙니다.

부모가 원하는 대로 다 해 줘서 믿음을 갖게 된 자녀가 얼마나 있겠습니까? 도리어 부모가 자신을 버리고 때리고, 술 먹고 이혼해서 주님을 만난 자녀들을 많이 보았습니다.

그렇다고 부모가 자녀들을 버리고 때려도 된다는 말이 아닙니다. 나에게 잘해 주는 부모가 꼭 좋은 부모는 아니라는 말입니다. 최고의 부모는 나를 예수 믿게 해 준 부모입니다. '만날 술만 먹는 아빠가 무슨 부모야' 하며 어쩌고저쩌고 이유가 많은 분들은 부모에게 충성하기가 어렵습니다. 나에게 잘해 줘서 하는 충성은 참된 충성이 아닙니다.

내가 하나님께, 가정에, 교회에, 본분에 충성하지 못하는 이유는 무엇입니까? 충성 못 할 이유를 적어 보십시오. 나 자신 때문에, 타인 때문에, 환경 때문에 충성할 수 없다는 것이 결국은 하나님에 대한 원망이고 불신이라는 것을 알고 있습니까?

충성할 수밖에 없는 이유

16 룻이 이르되 내게 어머니를 떠나며 어머니를 따르지 말고 돌아가
라 강권하지 마옵소서 어머니께서 가시는 곳에 나도 가고 어머니께서
머무시는 곳에서 나도 머물겠나이다 어머니의 백성이 나의 백성이 되
고 어머니의 하나님이 나의 하나님이 되시리니 17 어머니께서 죽으시
는 곳에서 나도 죽어 거기 묻힐 것이라 만일 내가 죽는 일 외에 어머니
를 떠나면 여호와께서 내게 벌을 내리시고 더 내리시기를 원하나이다
하는지라 _룻 1:16~17

룻의 고백에서 주목해야 할 것은 '어머니의 하나님이 나의 하나님이 되신다'는 고백입니다. 룻이 그동안 나오미의 삶을 지켜보았습니다. 잘못된 판단으로 이방 모압까지 와서 망했지만 나오미의 믿음이 회복되고 있음을 알았습니다. 나오미의 고통과 고백을 통해 하나님을 향하는 믿음을 보고 그 하나님을 믿고자 하는 마음이 룻에게도 생겼습니다.

믿음은 내가 충성할 수 없는 모든 이유를 불식시킵니다. 나오미가 부족해도, 충성할 수 없는 사람이어도 하나님에 대한 믿음이 있었기에 충성할 수 있었습니다. 나오미의 하나님이 룻의 하나님이 되었기에 죽음에 이르는 충성을 할 수 있었습니다. 이것이 신앙의 아름다움입니다.

어머니의 하나님이 나의 하나님이 되니 종교를 바꿨습니다. 어머니의 백성이 나의 백성이라고 나라를 바꿨습니다. 언어가 다른데 언어를 극복하고 따랐습니다. 이것이 바로 죽음에 이르는 충성입니다. "어머니는 좋은데 어머니 주변 사람들은 싫어요" 이런 게 아닙니다. "목사님은 좋은데 우리들교회 사람들은 싫어요" 이런 분도 있습니다. 말이 안 되는 소리입니다. 믿음과 전혀 상관없이 저를 좋다고 하는 겁니다. 하나님을 믿는 믿음으로 하나가 될 때 나머지는 저절로 충성이 되는 것입니다. 하나님을 믿으니 관계가 풀리고, 언어도 풀리고 모든 환경이 극복됩니다.

룻은 어떤 면에서 자기 인생을 불행하게 만든 근본이라고 할 수 있는 시어머니를 붙좇았을 뿐만 아니라 그 어머니가 믿는 하나님이 나의 하나님이 되시리라고 고백합니다. 마찬가지로 내가 주님을 만나면 나를 불행하게 만들었다고 생각하는 그 부모를 존경하고 사랑하며 잘 모시겠다고 고백할 수 있습니다.

신명기 5장 16절에는 “너는 네 하나님 여호와께서 명령한 대로 네 부모를 공경하라 그리하면 네 하나님 여호와가 네게 준 땅에서 네 생명이 길고 복을 누리리라”고 기록되어 있습니다.

‘효(孝)’라는 것은 하나님을 모르고는 할 수 없습니다. 혼자가 된 시어머니가 가여워서 섬기는 것은 오래가지 않습니다. 도덕과 윤리를 훨씬 뛰어넘는 것이 믿음입니다. 예수님을 잘 알아야 사람에게도 헌신할 수 있습니다.

하나님은 우리에게 부모라는 역할의 신성함을 허락하셨습니다. 그러기에 하나님의 권위를 바르게 행사하며, 자녀에게 하나님을 비춰 주는 역할을 잘 감당해야 합니다. 하나님을 모르고서는 부모를 공경할 수도, 자식을 사랑할 수도 없습니다. 자녀에게 존경 받는 부모가 되려면, 부모가 삶으로 믿음의 본을 보여야 합니다. 주 안에서 순종하는 적용을 해야 합니다. 말세에 고통하는 때가 이르면 자식들이 부모를 거역하며 부모가 잘 먹이고 잘 입혀 주어도 감사하지 않는다고 합니다(딤후 3:1~2).

내가 자식을 너무 예뻐하니까 자식들이 하는 일이 거역입니다. 부모가 하나님의 권위를 자식들에게 비추어 주려면 영적 훈련을 해야 합니다. 부모 스스로 영적 훈련을 해야 자식들이 부모를 존경합니다. 내 자식만 끼고도는 것이 아니라 영적 훈련을 해야 합니다. 날마다 말씀을 묵상하고 예배를 우선순위에 두는 것, 이것이야말로 자녀들에게 존경 받는 최선의 훈련입니다.

자녀의 입장에서 보면 너무 이상한 부모가 많습니다. 그러나 자녀가 예수 그리스도의 생명으로 거듭나서 하나님의 사랑을 알고 나면 값없이 주시는 그 사랑만 생각해도 눈물이 앞을 가립니다. 이전에는 부모로부터 받은 것이 무엇인가만 생각했지만, 하나님의 크고 놀라운 사랑으로 나의 지경이 넓어지면, 나에게 육신의 생명을 주신 부모님을 공경하지 않을 수 없게 됩니다. 무조건 감사하게 됩니다. 아무리 이상하고 무능력한 부모라도 그분들 때문에 하나님의 사랑을 알게 되었기 때문입니다. 그래서 하나님을 알아야 부모를 공경할 수 있습니다.

우리의 부모 중에는 알코올중독자도 있고 게으른 부모, 강박증이 있는 부모, 폭력을 쓰는 부모, 나를 버린 부모, 나를 낳기만 했지 키워 주지 않은 부모도 있습니다. 맨날 욕이나 하고 '정말 저것도 인간인가' 하는 부모가 왜 없겠습니까? 이런 부모는 공경하기가 어렵지요. 대부분 이것이 충성할 수 없는 이유라고 생각합니다. 충성할 수 없어서 버립니까? 성격이 나쁘면 부모도 버리고, 남편도 버리고, 아내도 다 버려야 합니까?

TV 프로그램에서 김희아 씨의 강의를 들었습니다. 강의라기보다 하나님의 은혜가 녹아 있는 한 편의 간증이었습니다.

김희아 씨는 선천적인 안면 기형과 상악동암으로 얼굴이 일그러지고 한쪽은 함몰이 되었습니다. 태어날 때부터 얼굴 한쪽이 점으로 덮여 있어서 놀림도 받고 외적으로 내적으로 많은 상처를 받았다고 합니다. 암 수술 후 안면 기형으로 인해 사람들의 시선과 상처를 받았지만 자기를 무시하고 멸시하는 그들을 원망하기는커녕 오히려 벌주지 말라고 기도했다고 합니다. 결혼하고 딸 둘을 낳았는데 아이들에게 젖을 물리면서 아이의 얼굴에서 자신의 모습을 보았습니다. 그러면서 내 엄마도 나에게 이렇게 젖을 물렸겠구나, 엄마도 내가 딸을 예뻐하는 것처럼 나를 예뻐했겠구나 생각이 들었다고 합니다. 그런데 시집살이가 고된 시절에 안면 기형인 딸을 낳고 키운다는 것이 얼마나 힘들었을까, 얼마나 구박을 받았을까, 그 생각을 하니 엄마가 자신을 보육원에 보낼 수밖에 없었던 것이 이해가 되었습니다. 그리고 보육원에서 잘 지내고 잘 자란 것이 감사하다고 했습니다. 낳아 주신 부모님께 정말 감사하다고 건강하게 잘 사시라고 인사를 했습니다.

이야기를 듣는 동안 눈물이 났습니다. 그분이 불쌍해서가 아니라 모든 것이 감사하고 부모님께 감사드린다는 그 고백에 감동이 되었습니다. 두 딸이 같이 출연을 했는데 딸들도 엄마가 전혀 부끄럽지 않다고 합니다. 학교 학부모 모임에도 꼭 오라고 하고, 김희아 씨도 빠지지 않고 참석한다고 합니다.

하나님을 믿는다고 하면서도 부모가 자기를 버렸다고 평생 원망하는 사람이 있습니다. 하나님을 창조주로 인정하고 신뢰한다면 그런 원망을 할 수 없습니다. 부모로 인한 상처와 원망이 해결이 안 되는 이유는 내가 하나님의 주권을 인정하지 않기 때문입니다.

사람의 사랑은 믿을 수 없는 것입니다. 사람은 사랑을 만들 수도, 지울 수도 없습니다. 어려서 헤어진 쌍둥이 자매가 30년 만에 만났습니다. 그래서 2년을 같이 살았는데 그동안 서로 맞고소를 31번이나 했다고 합니다. 돈을 훔쳤다고, 조카를 때렸다고, 욕했다고, 폭행, 절도, 위증으로 계속 고소를 했는데 다 무혐의 처리가 됐습니다.

분신과 같다는 쌍둥이가 오랜만에 만나도 서로 원수가 됩니다. 나를 낳은 부모도, 내가 낳은 자식도, 피를 나눈 형제도 하나님이 내 하나님이 되지 않으면 그 누구도 사랑할 수 없습니다. 어머니의 하나님이 나의 하나님이 되고, 당신의 하나님이 나의 하나님이 된다고 고백하는 자만이 사랑하고 충성할 수 있습니다.

나오미가 룻이 자기와 함께 가기로 굳게 결심함을 보고 그에게 말하기를 그치니라 _룻 1:18

충성한다는 것은 상대방을 편하게 해 주는 것입니다. 나오미도 인간적으로 룻을 배려해서 함께 가기를 거절했지만 하나님에 대한 룻의 결심을 알았습니다. 그래서 서로 말을 그치는 사이가 되었습니다.

이제 말을 그치는 우리가 되기를 바랍니다. 원망의 말, 의심의 말을 그치는 서로가 되기를 바랍니다. 굳이 말하지 않아도 서로를 알 수 있는 우리가 되기를 바랍니다. 오르바는 구원에 대해 같은 시각이 되지 않았기 때문에 떠나는 것이 맞습니다. 오늘 우리가 돌아가기로 굳게 결심할 베들레헴 떡집은 어디입니까?

우리가 유다 베들레헴으로 가기를 굳게 결심하고 예배의 자리, 기도의 자리, 봉사와 사명의 자리에 가야 하지만 그것보다 중요한 것은 상대방을 편하게 해 주는 것입니다. 충성은 이타적인 것입니다. '내가 좋아서 하는 일이다. 당신을 위해 불구덩이에도 뛰어들겠다'고 하면서 불편하게 한다면 그것은 왜곡된 사랑일 뿐 충성이 아닙니다.

룻은 자신에게 주어진 자유의지를 하나님께 돌아가는 신앙적 기회로 삼았습니다. 충성은 하나님께로 돌아가는 겁니다. 여러분들이 예수님을 안 믿고 예배에도 안 가고 큐티도 안 하면서 가정에 충성한다고요? 부모님께 효도한다고요? 그런 건 없습니다.

오르바는 눈물을 흘리고 입을 맞췄지만 떠났습니다. 구원을 위한 결심이 아니었기 때문에 떠나야 할 사람이었습니다. 결국 남는 것은 믿음뿐입니다.

믿음을 물려주신 부모의 하나님, 지도자인 목사의 하나님이 나의 하나님이라고 고백합니까? 믿음과 상관없는 인간적인 판단과 원망으로 아직도 충성 못 할 이유만 찾고 있습니까? 믿음으로 종교, 나라, 언어, 환경을 극복하고 충성한 간증이 있습니까? 오늘 내가 굳게 결심하고 찾아가야 할 베들레헴, 영적인 자리는 어디입니까?

충성은 변명하지 않는 것입니다

이에 그 두 사람이 베들레헴까지 갔더라 베들레헴에 이를 때에 온 성읍이 그들로 말미암아 떠들며 이르기를 이이가 나오미냐 하는지라

_룻 1:19

처음에 룻기의 등장인물은 6명이었습니다. 그런데 베들레헴 떡집에 돌아온 사람은 나오미와 룻 딱 두 사람입니다. 원어에 보면 '그 두 사람'이라고 정관사가 붙어 있습니다. 엘리멜렉과 말론과 기룐과 오르바가 다 떨어져 나갔습니다. 내 남편, 내 아들이라도 다 떨어져 나가고 시어머니와 며느리 두 사람만 합격했습니다. 천국 가는 길에 끝까지 붙어 있는 사람이 딱 두 명인 것입니다. 천국 가는 것이 쉽지 않습니다. 경쟁률이 높습니다.

나오미와 룻이 살길을 찾아 베들레헴에 이르렀는데 온 성읍이 그들 때문에 떠들썩했습니다. 그들은 모든 것을 버리고 죽음에 이르는 충성으로 결심을 하고 왔습니다. 그렇다고 고향 사람들이 반겨 주는 게 아니라 왜곡된 관심으로 떠들고 있습니다. '떠들었다'는 안 좋은 의미입니다. 가십거리가 된 것입니다. '온 성읍'은 여성명사로 표현되어 있습니다. 남의 말 좋아하는 사람 중에 여자들이 압도적으로 많은 것이 사실입니다. 그런 사람들이 나오미가 회개하고 왔는데도 "잘 먹고 잘살겠다고 가더니 쫄딱 망했다며? 남편 아들 다 잃고 며느리 하나도 떠나고 쌍과부라며?" 이러면서 떠들었을 것입니다.

그들 중 반가워한 사람도 있었을 겁니다. 동정하는 사람도 있었을 것입니다. 그래도 조롱하는 말들을 감당하는 것은 큰 고통일 수밖에 없습니다.

나오미는 흉년을 피해 희망의 땅을 찾아 떠났는데 흉년에도 남아 있던 사람들은 지금도 잘살고 있습니다. 게다가 자신은 남편과 두 아들까지 잃고 가진 것도 없으니 나오미가 얼마나 수치스럽고 슬펐겠습니까?

그럼에도 내가 하나님 앞에 회개하고 돌이켰다면 멸시와 조롱도 얼마든지 견딜 수 있습니다. 자기 죄를 알고 회개한 사람, 죄인의 입장에 서 본 사람은 어떤 말도 견디고 감당할 수 있습니다.

> 20 나오미가 그들에게 이르되 나를 나오미라 부르지 말고 나를 마라
> 라 부르라 이는 전능자가 나를 심히 괴롭게 하셨음이니라 21 내가 풍
> 족하게 나갔더니 여호와께서 내게 비어 돌아오게 하셨느니라 여호와
> 께서 나를 징벌하셨고 전능자가 나를 괴롭게 하셨거늘 너희가 어찌 나
> 를 나오미라 부르느냐 하니라 _룻1:20~21

나오미는 '희락, 즐거움'이라는 뜻입니다. 마라는 '쓰다, 비참하다'는 뜻입니다. '나를 나오미라 부르지 말고 나를 마라라 부르라'고 한 것은 나오미가 자신의 죄와 초라함을 인정한 것입니다. 내가 잘살겠다고 떠났기 때문에 하나님이 나를 징벌하셨다고 고백합니다.

나는 나오미로 불릴 자격이 없는 죄인이라고 스스로 인정합니다.

"그래요, 나를 나오미라고 부르지 마세요. 나는요 기쁠 희의 희순이가 아니고, 쓸 고의 고순이에요. 그러니까 나를 마라라고 불러 주세요"라고 합니다.

사람들의 떠드는 소리에 나오미는 변명하지 않았습니다. 내가 이렇게 될 줄 알고 떠났겠냐고 볼멘소리도 하지 않았습니다. 망한 것이 창피하다고 몰래 숨어들어 오지 않았습니다. 대낮에 사람들이 왕래하는 동네 안으로 들어오면서 "내가 이렇게 망했습니다. 내 죄 때문에 하나님께서 징벌하셨습니다. 나를 마라라고 불러 주세요! 나는 어떤 소리를 들어도 마땅한 죄인입니다" 이렇게 고백한 것입니다.

어떤 상황에도 변명하지 않는 것, 내 죄를 알기에 어떤 말을 들어도 "맞습니다, 옳소이다" 고백하는 것이 성숙입니다. 나오미가 성숙한 믿음과 인격으로 사람들의 멸시와 조롱을 극복했습니다. 이 훈련을 거쳤기에 충성된 일꾼으로 설 수 있었습니다. 사람들이 나를 무시하고 손가락질할 때 달게 받고 참되게 회개하는 것이 충성입니다. 멸시와 조롱도 달게 받으며 참된 회개로 하나님 앞에 바로 서는 사람이 충성된 일꾼입니다.

그래서 룻기의 주제가 '텅 빔'입니다. 든든한 남편, 장성한 아들, 많은 재물을 가지고 내 마음을 비우기가 얼마나 어려운지를 보여 주시는 것입니다.

히브리서 12장 8절에서는 “징계는 다 받는 것이거늘 너희에게 없으면 사생자요 친아들이 아니니라”고 했습니다. 징계라는 단어에는 '훈련'이라는 뜻이 있습니다. 나를 사생자로 여기지 않으시기에 징벌을 통해서 돌아오게 하십니다. 나오미도 그 사랑을 알고 당당하게 간증했습니다.

그런데 룻의 입장에서는 “나는 텅 비어서 돌아왔다, 가진 게 없다” 하는 나오미를 보며 섭섭하지 않았겠습니까? “다 비어서 돌아왔지만 그래도 우리 며느리가 나를 따라왔지 뭐예요” 자랑이라도 해야 하는 것 아닙니까? 그러나 룻도 모든 것을 포기하고 믿음으로 왔기에 나오미의 그런 말이 섭섭하지 않았을 겁니다.

이제 나오미와 룻은 서로 눈치 보며 굳이 챙기지 않아도 되는 편안한 관계가 되었습니다. 서로에게 충성된 동역자가 된 것입니다.

누군가가 나를 대단하게 인정해 주지 않아도 괜찮은 것, 다 버리고 좇았는데 존재감도 없고 무시까지 당해도 아무렇지 않은 것, 이것이 충성된 모습입니다. 나를 몰라 줘도 괜찮다고, 가정이 쓰임 받고 교회가 쓰임 받는 것이 감사하다고 고백하는 사람이 충성된 일꾼입니다.

내가 늘 달고 다니는 변명은 무엇입니까? 내가 회개하고 돌아왔으니 모두가 손뼉 쳐 줄 것이라고 기대합니까? 나를 조롱하며 손가락질하고 떠드는 사람들 앞에서 내가 죄인이다, 내 죄 때문에 마땅한 벌을 받았다고 인정합니까?

충성하면 추수할 것이 있습니다

나오미가 모압 지방에서 그의 며느리 모압 여인 룻과 함께 돌아왔는데 그들이 보리 추수 시작할 때에 베들레헴에 이르렀더라 _룻1:22

믿음으로 충성하며 내 죄를 인정하면서 왔더니 '보리 추수 시작할 때에' 베들레헴에 이르게 하십니다. 흉년이 들어서 떠났는데 풍성할 때에 돌아왔습니다. 내가 하나님께로 돌이키고 말씀대로 살고자 하면 흉년이 끝나고 풍년이 시작됩니다. 내가 충성하고 말씀대로 적용하면 금세 은혜를 베푸십니다.

상황마다 충성된 모습을 보여 준 어느 집사님의 이야기입니다.

집사님이 교회에 오다가 교통사고가 나서 입원을 했는데, 왠지 안 해도 되는 입원을 한 것 같아 마음이 찔려 회개했습니다. 이것이 첫 번째 충성입니다.

링거를 맞아 머리도 아프고 속이 울렁거리는데 새언니의 전화를 받았습니다. 오빠와 이혼한다고 하면서 우리 집에서 무시만 당했다고, 시누이인 집사님을 원망하며 화를 냈습니다. 새언니가 결혼한 지 5년 만에 이런 이야기를 하며 다짜고짜 화를 낸다면 여러분은 어떻게 하시겠습니까? "어머, 그런 일이 있었어요? 그렇다고 교통사고로 입원해 있는 시누이에게 갑자기 이러면 어떻게 해요?" 하지 않겠습니까?

그러나 집사님은 새언니의 이야기를 듣자마자 "언니 말이 맞다. 미안하다. 용서해 달라"고 빌었습니다. 이것이 둘째 충성입니다.

몸이 안 좋아지는데도 집사님은 오빠 가정을 살려야겠다는 생각이 간절했습니다. 구토를 하면서도 오빠에게 전화했습니다. 교회에 한 번도 안 가 본 오빠에게 우리들교회 예배에 꼭 오라고 했습니다. 세 번째 충성입니다.

금요일 소그룹 예배에 오빠가 와야 할 것 같아서 강권했습니다. 집사님이 오빠를 데리고 소그룹 예배에 가겠다고 직접 수고하는 적용을 했습니다. 네 번째 충성입니다. 집사님의 강권으로 오빠가 소그룹 예배에 참석했습니다.

오빠는 너무도 처절한 자신의 모습에 고개도 들지 못하는데, 소그룹 예배에 참석한 집사님들은 자신이 바람피운 이야기까지 하며 스스럼없이 자기 죄를 고백했습니다. 교회가 처음인 오빠는 모든 교회가 다 이러는 줄 알았다고 합니다. 그래서 자신도 솔직하게 죄를 고백했더니 소그룹 식구들이 손뼉을 쳐 주었다고 합니다. 소그룹 예배에서 은혜를 받은 오빠는 수치와 모멸을 기꺼이 감당하겠다고 하면서 새언니에게 용서를 구하는 적용을 했습니다.

오빠는 이틀 동안 새언니가 나가라고 하면 나가고, 들어오라고 하면 들어오며 진실하게 용서를 구했습니다. 또 교회에 등록하여 이제는 주일예배, 수요예배까지 자발적으로 나오고 있습니다. 집사님은 정말 기적이 따로 없다는 생각을 했답니다.

집사님이 구원을 위해 충성된 일꾼이 되니 하나님께서 추수하게 하셨습니다. 교회에는 와 보지도 않은 오빠가 은혜를 받고, 새언니의 마음도 누그러졌습니다. 사고를 당하고 아픈 상황에서도 즉시 충성을 하니 구원의 추수, 가정 회복의 추수를 하게 하셨습니다. 이게 충성의 열매입니다.

그동안 이 집사님은 전도 축제가 있을 때마다 오빠의 이름을 적어 냈다고 합니다. 이것도 중요한 충성입니다. 교회에서 전도 축제를 한다고, 전도 대상자 이름을 적어 내라고 해도 안 내는 분들이 대부분입니다. 이것이 사소한 것 같아도 이 일부터 충성하지 않으면 다른 것에도 충성이 안 되고 추수할 것도 없게 됩니다.

내가 충성하고자 마음만 먹어도 흉년이 끝나고 추수할 때에 이르게 하실 것을 믿습니까? 내가 충성함으로 추수한 열매가 있습니까?

말씀으로 기도하기

멋진 말로 사랑을 표현하고 결혼을 해도 사람에게서는 진정한 사랑과 충성을 찾을 수 없습니다. 부부간에도 그러한데 고부 사이에는 더더욱 사랑하고 충성하기가 어렵습니다.

충성할 수 없는 이유가 있습니다. (룻 1:14~15)

룻이 나오미를 떠나는 것이 비난 받을 일이 아니었습니다. 남편도, 자식도 없는 이 가정을 지킬 명분이 없었습니다. 충성할 이유가 전혀 없음에도 충성하며 따르는 룻을 본받기 원합니다. 내가 충성할 수 없는 이유가 수백, 수천 가지라도 하나님 때문에 충성하는 자가 되게 하옵소서.

충성할 수밖에 없는 이유가 있습니다. (룻 1:16~18)

룻이 나오미를 보면서 믿음이 회복된 것을 알았습니다. 믿음으로 충성할 수 없는 모든 이유가 불식되고 인간의 사랑을 뛰어넘는 하나님의 사랑으로 충성하게 되었습니다. 믿음으로 모든 어려움을 뛰어넘으며 가족을 사랑하고 하나님께 충성하게 하옵소서. 내가 충성함으로 상대를 편하게 하며 서로가 영적 동반자가 되기 원합니다.

충성은 변명하지 않는 것입니다. (룻 1:19~21)

고향 백성이 왜곡된 시선으로 떠들어도 나오미는 스스로 죄인이라고 인정하며 더 깊은 회개로 나아갑니다. 내가 죄인임을 알고 회개했다면 사람의 말도 잘 견디게 하옵소서. 모든 조롱을 달게 받고 참되게 회개하며 충성된 일꾼이 되기 원합니다.

충성하면 추수할 것이 있습니다. (룻 1:22)

흉년이 들어서 떠났는데 추수할 때, 풍성할 때에 돌아오게 하십니다. 내가 하나님께로 돌이키고 충성하고자 할 때 하나님께서 즉시 은혜를 베푸십니다. 사소한 것에도 즉시 충성함으로 추수할 것이 있는 풍성한 삶을 누리게 하옵소서.

우리들 묵상과 적용

어려서 아버지가 돌아가시고 엄마는 혼자 7남매를 키우며 새벽부터 밤중까지 일하셨습니다. 그런 엄마를 보며 나는 엄마를 힘들게 하면 안 되겠다는 생각에 마당을 쓸어 놓고 숙제를 하며 엄마를 기다렸습니다. 애어른이 되어 감정 표현을 잘 하지 못하고 주변 사람에게 무언가를 해 주어야 할 것 같은 생각에 지나치게 절제하며 스스로를 챙기지 않고 살았습니다.

결혼할 때도 열심히 노력하고 살면 보람 있는 인생이라고 생각하여 겁도 없이 모두가 꺼리는 가난한 집 7남매의 장손 며느리 자리에 뛰어들었습니다. 그러나 대학생이었던 시동생과 시누이들이 문턱이 닳도록 용돈을 타러 왔기에 늘 밑 빠진 독에 물 붓기였습니다. 시아버지가 중풍으로 자리에 누워 계실 때도 주말이 되면 두 아이를 데리고 버스를 3번 갈아타며 시댁에 가서 시어머니를 도왔습니다.

그 후 시어머니는 당뇨 고혈압 신부전증이 심해져 저희 집으로 오시게 되었습니다. 교사로 직장생활을 하며 어머니를 간병하니 믿음의 길을 가는 듯했지만 결국 나오미를 떠난 오르바처럼

(룻 1:14) 착한 병에 걸려 해야 할 말도 하지 못하고 누구를 위하여 충성하는지도 모른 채 힘들었습니다. 설상가상으로 큰아들은 우울증으로 휴학과 복학을 반복하며 애를 태웠습니다. 그러던 중 두 아들을 데리고 교회에 오게 되었습니다. 나오미처럼 세상 가치관으로 열심히 아들들을 키웠지만, 시댁 일과 직장생활에 시달리며 자녀들이 아픈 줄도 몰랐던 무심한 엄마였던 것을 깨닫게 되었습니다. 내 의로 가득 찼던 저 자신을 보게 되니 변명이 그쳤고, 내 삶의 결론임이 깨달아져 마음을 비우게 되었습니다.

이 은혜를 남편과 같이 나누고 싶어 매주 소그룹 예배에서 주시는 처방대로 적용했습니다. 내 방식의 잘못된 충성을 내려놓고 수일예배와 소그룹 예배에 집중하니 교회에 안 간다고 선언했던 남편이 교회에 나왔습니다. 흉년이 들어서 떠나 회개하고 돌아온 나오미에게 하나님은 추수할 것이 있게 하신 것같이 저의 회개를 받아 주셨습니다(룻 1:22). 마라의 삶을 거쳐 다시 사랑 받는 나오미로 돌아오게 해 주시고 추수할 것도 있게 해 주셨습니다.

룻이 나오미에게 충성할 수 없는 이유가 많음에도 진정한 충성된 자로 관계를 맺은 것같이 이제는 영으로 낳아 주신 시어머니께 감사하며 저를 인정해 주지 않아도 상처 받지 않는 충성된 일꾼이 되고 싶습니다.

기도

하나님, 모든 관계 속에 충성하고자 해도 상대가 충성할 만하지 못해서, 시간이 없고 돈이 없어서, 이래서 저래서 충성하지 못할 이유가 너무도 많습니다. 믿음으로 충성할 수 없는 모든 이유를 넘어서야 하는데 아직도 원망과 불평이 많은 것을 용서하여 주옵소서. 하나님을 모르고는 사랑도 충성도 할 수 없다는 것을 깨닫습니다. 하나님께서 제 삶의 주인이 되심으로 충성할 수 없는 상황에서도 변명 없이 충성하게 하옵소서.

내가 회개하고 하나님을 만나면 모두가 반길 것 같아도 나의 지나온 과오를 떠들며 조롱하는 사람들이 있습니다. 내가 참된 회개를 했다면 그 어떤 말도 견디며 잘 받기 원합니다. 내 죄로 인한 징벌이었다고, 나는 자격이 없는 죄인이라고 더 깊은 회개로 나아가게 하옵소서.

한 사람의 충성으로 많은 사람이 살아나고 가정이 회복되는 것을 수없이 보았습니다. 내가 사소한 것부터 충성할 때 하나님께서 풍성한 추수의 때에 이르게 하실 것을 믿습니다. 영적인 감사와 영적인 선택으로 영적인 충성을 할 수 있도록 역사하여 주시옵소서. 오늘 허락하신 모든 상황에서 구원을 위해 충성하며 하나님께서 추수하게 하시는 역사를 경험하게 하옵소서. 예수님의 이름으로 기도합니다. 아멘.

Part 2

만남·배려·안식

The best choice of my life

“

인생에서 ‘만남’은 참 중요합니다.

내가 지금 만나는 사람을 우연히 만난 걸까요?

내가 속한 곳이 우연히 이른 곳일까요?

하나님의 섭리 속에 하나님의 뜻이 있기에

이 사람을 만나고 지금 이 자리에 있는 것입니다.

그러므로 우리는 모든 만남을 소중히 여겨야 합니다.

사람과의 만남, 일과의 만남, 사건과의 만남,

모든 만남에서 하나님의 뜻을 깨닫고, 최고의 만남으로 지켜 가야 합니다.

”

하나님 아버지,

최고의 만남인 예수님을 진정으로 만남으로써

천국을 누리게 하옵소서.

chapter 4

천국을 누리는 만남

룻기 2:1~10

서로가 떨리고 설레고 기대하는 마음으로 만나도 최악의 만남이 되는 경우가 많습니다. 나오미도 룻도 떨리고 설레고 기대하면서 남편을 만나 결혼했을 텐데 자식도 없이 과부가 되었으니 최고의 만남은 아니었을 것입니다. 그러나 '어머니의 하나님이 나의 하나님'이라는 믿음의 고백으로 약속의 땅을 찾아온 룻에게 최고의 만남이 기다리고 있었습니다.

최고의 만남은 은혜로 예정된 만남입니다

> 나오미의 남편 엘리멜렉의 친족으로 유력한 자가 있으니 그의 이름은 보아스더라 _룻 2:1

인생에서 '만남'은 참 중요합니다. 하나님과의 만남, 부모님과의 만남, 배우자와의 만남 모두 중요합니다. 그런데 하나님과의 만남이 가장 먼저입니다. 하나님과의 만남이 확실하면 부모님, 배우자와의 만남도 최고의 만남으로 바뀔 수 있습니다. 하나님을 진정으로 만난 사람은 하나님께서 붙여 주신 부모님, 배우자, 자식을 옳고 그름으로 바라보지 않게 됩니다.

룻은 세상적으로 보면 부모 복, 남편 복도 없을뿐더러 자녀도 낳지 못하고 남편이 죽었으니 자식 복도 없는 여인이었습니다. 그러나 하나님을 만난 후 감사의 선택을 합니다. 믿음을 가지고 죽음에 이르는 충성으로 떠나온 것 자체가 최고의 선택이라는 것입니다. 내가 믿음으로 떠나는 것 하나하나에 하나님이 기름을 부어 주십니다.

믿음으로 충성하며 약속의 땅에 들어온 룻을 위해 하나님은 보아스와의 만남을 준비해 두셨습니다. 보아스를 소개하면서 '나오미의 친족'이 아니라 '나오미의 남편 엘리멜렉의 친족'이라고 한 것은 보아스가 나오미 가족을 부양해야 할 의무를 가진 친족임을 강조한 것입니다.

그런 보아스가 '유력한' 사람입니다. 성품도 신앙도 훌륭하고, 물질적으로도 힘 있는 사람입니다. 엘리멜렉과 비교할 때 보아스는 흉년에도 베들레헴 약속의 땅을 떠나지 않은 믿음의 사람입니다.

많은 고난을 통해 여러 면에서 힘 있는 자가 되었습니다.

흉년이 왔을 때 살길을 찾아 떠나는 엘리멜렉을 만나고 싶습니까, 흉년 든 땅에 머물고 있는 보아스를 만나고 싶습니까? 보아스의 어머니는 기생 라합입니다(마 1:5). 라합은 이방 여리고의 기생이었지만 이스라엘의 정탐꾼을 살려 주고 구원을 얻어 예수님의 조상이 되었습니다.

구원의 시각으로 보면 대단한 믿음의 여인이지만 당시 사람들에게는 이방 여리고 출신 기생일 뿐이었습니다. 그러니 얼마나 무시를 했겠습니까? 출신부터가 겸손할 수밖에 없는 믿음의 어머니 라합이 있었기에, 보아스가 약속의 땅에서 흉년을 이겨 내고 풍년의 복을 누리게 된 것입니다.

나오미 자신의 결혼은 실패한 만남이었는데, 룻에게 최고의 만남이 준비되어 있음을 암시하는 이 말씀이 얼마나 은혜입니까? 모두가 자기 믿음의 분량만큼 만납니다. 내 힘으로는 최고의 만남을 가질 수 없습니다. 우리의 육신은 엘리멜렉 같은 사람을 원하기 때문입니다.

누구나 여호와는 나의 왕이라고 외치는 경건해 보이는 사람을 원하지, 누가 기생의 아들을 원하겠습니까? 그러나 하나님을 경외하는 보아스, 흉년의 땅에서도 말씀을 붙들며 믿음을 지키는 보아스를 만나게 해 달라고 기도해야 합니다.

룻과 보아스의 만남은 은혜로 예정된 만남입니다. 오직 하나님을 의지할 때 최고의 만남이 기다리고 있습니다.

흉년의 고난에서 하나님의 때를 기다리는 보아스를 분별하고 있습니까? 경건해 보이지만 인간적인 해결책만 제시하는 엘리멜렉에게 마음을 빼앗기지는 않습니까? 자녀의 배우자를 선택할 때나 교회의 일꾼들을 세울 때나 흉년에도 말씀을 붙드는 사람을 보내 달라고 기도합니까?

만남을 소중히 여겨야 합니다

> 모압 여인 룻이 나오미에게 이르되 원하건대 내가 밭으로 가서 내가 누구에게 은혜를 입으면 그를 따라서 이삭을 줍겠나이다 하니 나오미가 그에게 이르되 내 딸아 갈지어다 하매 _룻 2:2

룻이 재혼도 포기하고, 여자로서의 삶도 다 포기하고 대단한 적용으로 베들레헴에 왔지만 그렇다고 대단한 복이 기다리고 있는 게 아닙니다. 시어머니 봉양하고 먹고살기 위해서 우선 일부터 해야 합니다. 말씀을 삶에 적용한다는 것은 이렇게 구체적인 일부터

하는 것입니다.

룻은 만남을 소중히 여기는 사람이었습니다. 일을 시작하면서 '누구에게 은혜를 입으면' 이삭을 줍게 될 것이라고 말합니다. 이방 여인이었지만 룻은 이미 '은혜'를 알고 있었습니다. 은혜를 안다는 것은, 자신이 아무것도 할 수 없는 존재라는 것을 알고 전능하신 하나님을 기대하는 것입니다.

또 룻은 나오미에게 먼저 밭에 가서 이삭을 주워도 될지 물었습니다. 나이 많고 초라한 시어머니라고 함부로 여길 법도 하지만 어머니의 하나님이 나의 하나님이 되었기에 절대적인 가르침을 받고자 합니다. 스스로 모압 여인임을 인정하는 것입니다.

자신은 세상 가치관에 물들어 있는 모압 여인이지만, 시어머니는 천국 가치관을 가진 사람입니다. 룻은 늘 그 어머니에게 먼저 묻고 그대로 행합니다. 내 밭도 아니고 남의 밭에 가서 구걸하는 일이기에 그냥 가도 될 작은 일이었습니다. 그러나 이런 작은 일도 시어머니에게 꼭 묻습니다. 그녀의 이런 태도와 말 하나하나가 최고의 만남을 가져오게 하는 비결인 줄 믿습니다.

이 세상에는 절대적인 가치와 상대적인 가치가 있습니다. 돈, 학벌, 재미, 좋은 집, 차, 공부 잘하는 자녀는 중요해 보이지만 상대적인 가치입니다. 믿음, 소망, 주 안에서의 의리와 효도는 절대적 가치입니다. 룻과 나오미는 지금 절대적인 가치로 묶여 있습니다. 룻은 믿음 안에 나오미를 부양하기 위해 이삭을 줍겠다고 나섰습니다.

어느 집사님은 학창시절 왜 자신이 예수님 믿기가 어려웠던가 생각해 보았다고 합니다. 다른 게 아니라 교회 구성원이 누구인가, 사람들의 됨됨이는 어떠한가, 이렇게 외모로 사람을 판단하느라 믿음을 갖기가 힘들었다고 했습니다. 교회 안에서도 절대적인 가치보다 상대적인 가치가 앞서는 일들이 많습니다. 우리가 얼마나 상대적인 가치를 얻으려고 절대적인 가치를 포기하는지 모릅니다. 육체의 사랑을 위해서 부부간의 신의를 버리고, 성공하기 위해서 믿음을 버립니다.

어느 고등학생이 아빠가 돌아가신 후부터 엄마를 학대하기 시작했다는 이야기를 들었습니다. 커다란 몽둥이를 들고 "돈 내놔라", "엎드려뻗쳐라" 위협하고 심지어 매를 때렸답니다.

안타까움에 제 가슴이 무너졌습니다. 효에 대한 개념도, 절대적 가치관도 없으니 돈을 안 주면 엄마라도 때릴 수 있는 겁니다. 예전엔 상상도 할 수 없었던 일입니다. 요즘 미디어가 발달하여 이런 이야기를 자주 접하게 되는데 도리어 아이들이 따라 하지는 않을지 염려됩니다.

룻이 초라하고 보잘것없는 시어머니를 정성스럽게 모신 것은 말씀의 가치관이 있었기 때문입니다. 우리 아이들에게도 말씀의 가치관을 심어 주어야 합니다.

말씀에 순종하여 모든 것을 내려놓았다고 이제부터 부어 주실 복만 바라며 손 놓고 있습니까? 예수 믿고 순종했어도 당장 달라지지 않는 환경에서 구체적으로 행할 일은 무엇입니까?

룻이 가서 베는 자를 따라 밭에서 이삭을 줍는데 우연히 엘리멜렉의 친족 보아스에게 속한 밭에 이르렀더라 _룻 2:3

룻이 우연히 보아스의 밭에 이르렀을까요? 하나님을 믿는 인생에 우연은 없습니다. 예수 그리스도 메시아의 탄생으로 이어질 룻과 보아스의 만남이 어떻게 우연히 일어나겠습니까.

룻이 보아스의 밭에 이른 것은 하나님의 예정 가운데 일어난 일입니다. 우연 속에 하나님의 심판과 섭리가 숨어 있습니다. 내가 지금 만나는 사람을 우연히 만난 걸까요? 내가 있는 자리, 내가 속한 곳이 우연히 이른 곳일까요? 아닙니다. 하나님의 섭리 속에 하나님의 뜻이 있기에 이 사람을 만나고 지금 이 자리에 있는 것입니다.

최고의 원수가 우리 집에 있지 않습니까? '저 원수 같은 남편, 아내를 만나서 내 인생이 꼬였다' 이것이 우리의 주제가입니다. 그러나 그 원수(?)를 만나게 하신 분도 하나님이십니다. 내 믿음의 분량에 딱 맞게 보내 주신 원수입니다. 다른 사람이 아니라 내가 그 배우자를 골랐습니다. 나의 믿음의 분량에 따라서 고른 사람을 원수라고 하면 되겠습니까?

그러므로 모든 만남을 소중히 여겨야 합니다. 사람과의 만남, 일과의 만남, 사건과의 만남, 모든 만남에서 하나님의 뜻을 깨닫고 최고의 만남으로 지켜 가야 합니다.

어떤 청년이 여자 친구 부모님께 결혼 승낙을 받고자 부지런히 운전하며 가는 중이었습니다. 안 그래도 차가 막혀서 잔뜩 짜증이 난 상태인데 하필 어떤 차가 청년의 차 앞으로 끼어들었습니다. 청년은 '지금 내가 어떤 자리를 가고 있는데 끼어드는 거야?' 하며 창문을 내리고 한바탕 욕을 퍼부었습니다. 상대 차 주인도 성질이 대단해서 서로 멱살잡이까지 하며 싸웠습니다. 그런 후 헐레벌떡 약속 장소에 갔는데, 조금 전에 싸웠던 그 사람이 장차 장인이 될 사람으로 그 자리에 앉아 있는 게 아닙니까! 그다음은 어떻게 되었을지 말하지 않아도 아시겠지요? 사소한 만남을 소중히 여기지 않아서 인생 최고의 만남을 스스로 망치게 되었습니다.

4 마침 보아스가 베들레헴에서부터 와서 베는 자들에게 이르되 여호
와께서 너희와 함께하시기를 원하노라 하니 그들이 대답하되 여호와
께서 당신에게 복 주시기를 원하나이다 하니라 5 보아스가 베는 자들
을 거느린 사환에게 이르되 이는 누구의 소녀냐 하니 _룻 2:4~5

드디어 보아스가 등장합니다. 보아스는 어떤 사람입니까?

어떤 사람에 대해서 객관적으로 보기 원한다면, 그 사람이 나를 대하는 태도뿐 아니라 다른 사람을 대하는 태도를 보면 됩니다.

첫째로, 보아스는 종을 소중히 여기는 사람입니다. 밭에서 일하는 자들에게 하나님께서 함께하시기를 원한다고 복을 빌어 줍니다. 그리고 이스라엘 사람들이 무시하는 이방 여인에게 관심을 보입니다. 어떤 관심입니까? 보아스가 '누구의 소녀냐'고 물은 것은 이스라엘에서 지파의 개념이 중요하기 때문입니다. 이스라엘의 지파는 하나님의 기업과 관련이 있습니다. 룻기의 주제가 영적인 기업을 무르는 것인데, 보아스가 룻의 영적인 출신에 관심을 가진 것입니다. 더 쉽게 말하면, '저 사람은 예수님을 믿는 사람이냐?'고 물어보는 것입니다. 이처럼 보아스도 모든 만남을 소중히 여기는 사

람이었습니다.

> 6 베는 자를 거느린 사환이 대답하여 이르되 이는 나오미와 함께 모압
> 지방에서 돌아온 모압 소녀인데 7 그의 말이 나로 베는 자를 따라 단
> 사이에서 이삭을 줍게 하소서 하였고 아침부터 와서는 잠시 집에서 쉰
> 외에 지금까지 계속하는 중이니이다 _룻 2:6~7

이스라엘 율법에 따르면, 남의 밭이라도 이삭을 줍는 것은 누구에게나 허용되었습니다. 추수할 곡식이 없는 가난한 자들을 위한 배려였습니다. 그럼에도 룻은 먼저 사환을 찾아가서 이삭을 주워도 되는지 물었습니다. 베는 자를 따라 단 사이에서 이삭을 줍겠다고 정중하고 간절하게 청했습니다. 룻은 이삭을 주우러 나올 때도 나오미에게 물었습니다. 누구에게 은혜를 입으면 이삭을 주울 수 있을 거라고 했습니다. 그리고 보아스의 사환에게 그 은혜를 구합니다. 한 사람, 한 사람과의 만남을 소중히 여기는 룻의 모습이 여기에도 나타납니다.

보아스에게 룻을 소개하는 사환의 말을 들어 보면 사환이 자신을 인격적으로 대해 준 룻의 태도에 감동했다는 것을 알 수 있습니다. 그래서 자신의 상관인 보아스가 누구의 소녀냐고 물었을 때

"나오미의 며느리, 모압 사람 룻이에요" 여기까지만 이야기해도 되지만, "저 여인은 아침부터 저녁까지 열심히 일하는 너무도 좋은 사람이에요"라고 덧붙여 말합니다. 룻이 말하는 태도, 일하는 태도를 유심히 보고 주인에게 보고한 것입니다. 룻과 보아스의 결혼에 사환이 결정적인 역할을 하고 있습니다.

이삭을 줍는 일이 하찮게 보일 수 있습니다. 그러나 룻에게는 하찮은 일이 아니었습니다. 굶어 죽지 않기 위해 반드시 해야 할 일이었습니다. 하찮은 일도 소중하게 여기며 최선을 다해야 합니다. 누군가를 감동시킬 정도로 성실히 해야 합니다.

보아스도 사환의 보고를 그냥 넘기지 않고 소중하게 여겼습니다. "네까짓 게 뭘 안다고?" 할 수도 있을 테지만, 그가 사환의 말을 귀담아들은 것은 아랫사람을 신뢰한다는 뜻입니다. 밭에서 일하는 종이라도, 주인이 아니라 사환이라도 지금 내가 만나는 이 사람을 소중히 여기는 것, 이것이 룻과 보아스의 운명을 바꿔 놓았습니다.

모든 만남은 소중합니다. 지금 이 순간 만나고 있는 모든 사람이 소중한 사람입니다. 지금 이 순간 내가 하고 있는 일이 나와 가정의 운명을 바꿔 놓을 소중한 일입니다.

하찮은 일도 열심히 할 때, 약하고 힘없는 사람에게 함부로 하지 않을 때, 옆의 사람들이 그 모습을 보고 감동하여 예수를 믿고 싫어지는 것입니다. 하나님은 우리에게 많은 사람을 보내 주셨습니다. 남편도, 아내도 만나게 하시고, 교회 안에서도 여러 만남을 허락하십니다. 그 만남이 내 마음에 들 수도 있고, 안 들 수도 있지요. 룻인들 시어머니 나오미가 마냥 좋았겠습니까? 보통 사람이라면 '내가 왜 이 떨거지 같은 시어머니를 죽을 때까지 모셔야 하나' 생각하지 않겠습니까? 그러나 룻은 손이 가고 발이 가는 헌신을 해야 함에도 불구하고 시어머니를 소중히 여겼습니다. 그렇기에 최고의 사람을 만난 것입니다.

남자와 여자가 만나 부부로 살면서 100% 만족하는 사람이 어디에 있겠습니까? 한때 최고의 인기를 얻었던 남녀 배우가 결혼하면서 온 국민의 부러움과 축하를 받았습니다. 최고의 만남으로 보였지만 결혼한 그날부터 부인은 이혼을 생각했다고 합니다. 그러면서 환상의 사랑을 구하지 말라고 조언했습니다.

또 어떤 남편은 부인하고만 헤어지면 자신의 꼬인 인생이 풀릴 것 같다면서 그렇게 바라고 바라던 이혼을 했습니다. 그런데 이혼한 그 이튿날, 부인이 천문학적인 액수의 복권에 당첨되었다고 합니다. 남편은 너무 분해서 속이 부글부글 끓었습니다. 복권 당첨이 중요한 게 아니라 요점은 하나님이 나에게 맡겨 주신 식구를 내

맘대로 버리면 안 된다는 것입니다.

하나님께서 세우신 교회이지만 목사와 성도의 만남이라고 100% 마음에 들겠습니까? 그럼에도 악한 목적으로 만난 게 아니라면 나를 양보하고 희생해서 그 만남을 이어 가야 합니다. 사람의 신분과 처지에 따라서 주눅들거나 차별해서도 안 됩니다. 아내도 남편도 자식도 교회 지체들도 하나님께서 내게 보내 주신 사람입니다. 내가 어떤 태도를 보이느냐에 따라서 내가 지금 만나는 사람이 은인이 될 수도 있고, 원수가 될 수도 있습니다. 하나님이 허락하신 만남이라면 나를 희생하고 헌신하여 그 만남에 물을 주어 가면서 가꾸어야 하지, 버려야 하는 만남이 아니라는 것입니다. 내가 싫어서 버리면 후회할 일만 남습니다. 지금 내가 만나는 이 사람을 하나님이 보내셨다는 것을 기억하십시오!

윗사람으로서 자녀, 학생, 부하 직원을 소중히 여기고 있습니까? 하루 동안 만나는 모든 사람을 소중히 여기며 진실하게 대합니까? 상점과 식당에서, 관공서에서, 버스나 택시를 이용할 때 일하는 이들에게 정중한 태도를 보입니까? 하찮은 일로 무시하면서 스스로 하찮은 자가 되지는 않습니까?

천국 공동체의 만남이 최고의 만남입니다

8 보아스가 룻에게 이르되 내 딸아 들으라 이삭을 주우러 다른 밭으로
가지 말며 여기서 떠나지 말고 나의 소녀들과 함께 있으라 9 그들이 베
는 밭을 보고 그들을 따르라 내가 그 소년들에게 명령하여 너를 건드
리지 말라 하였느니라 목이 마르거든 그릇에 가서 소년들이 길어 온
것을 마실지니라 하는지라 _룻 2:8~9

시어머니를 봉양하려고 열심히 이삭을 주운 것이 룻도 사는 일이 되었습니다. 보아스가 룻에게 구체적인 도움을 주고 있습니다.

보아스가 룻에게 '나의 소녀들과 함께 있으라'고 합니다. 구원에 참여하기 위해서 공동체에 들어가야 합니다. 함부로 공동체를 떠나서는 안 됩니다. 보아스가 룻을 도와주고 싶어도 그의 밭을 떠나면 도와줄 수가 없습니다. 다른 밭에 가지 말라고 하고, 다른 소년들이 건드리지 않도록 보호해 준 것입니다. 공동체 안에 있으면 사탄의 공격으로부터 보호 받을 수 있습니다.

룻이 엎드려 얼굴을 땅에 대고 절하며 그에게 이르되 나는 이방 여인이거늘 당신이 어찌하여 내게 은혜를 베푸시며 나를 돌보시나이까 하

니 _룻 2:10

룻은 여전한 방식으로 정중하게 엎드립니다. 나 같은 것이 무엇인데 도와주시냐고, 은혜를 베푸시냐고 합니다. 천국 공동체에 속했다고 도움 받는 것을 당연히 여기면 안 됩니다. '내가 무엇인데 나를 위해 기도해 주시는가, 시간을 내주고 먹을 것을 베풀어 주시는가?' 하는 마음이 있어야 합니다. 자신을 비하해서가 아니라 받은 은혜가 정말 감사하기 때문입니다.

보아스는 왜 이방 여인인 룻에게 은혜를 베풀고 다른 가난한 자보다 특혜를 주었을까요. 보아스가 룻을 여자로 보았다기보다 룻이 나오미를 좇아온 그 헌신을 귀하게 보았을 것입니다. 충성할 수 없는 상황에서도 믿음으로 헌신한 것을 알았기에 그 믿음을 보고 은혜를 베풀었습니다.

어떻게 매 순간의 만남을 소중하게 가꾸어 갈 수 있습니까? 영적인 동반자와 함께하는 천국 공동체가 있어야 합니다. 천국 공동체 안에서 천국을 누려야 사람을 소중히 여기며 소중한 만남을 이어갈 수 있습니다.

룻기의 전체 주제는 '텅 빔'입니다. 즐거움과 희락의 여인 나오미가 텅 빈 채로 돌아왔습니다. 유력하고 경건한 남편, 장대 같은 두 아들, 많은 재물 다 잃고 수치를 무릅쓰고 며느리 룻과 함께 돌아왔습니다. 이 많은 대가를 치르고 나서 얻은 것이 룻입니다. 나오미 인생에 최대의 축복은 남편도 아니고, 두 아들도 아니고, 영적인 동반자 룻을 만난 것입니다. 이것이 가장 큰 복인 것을 믿으십니까!

어느 집사님이 남편을 전도해서 교회에 같이 오는데 술만 마시면 교회를 비판하고 설교를 비판한다고 합니다. 그것이 너무 마음 아파서 어느 날은 "나는 말씀이 있고 교회가 있어서 그 힘으로 사는 사람이다. 그런데 당신이 그렇게 싫다고 하니 더는 못 참겠다. 그냥 이혼하자!"고 외쳤습니다. 그랬더니 남편이 "싫어!" 그러더랍니다.

부부 사이라고, 부모 자식 사이라고 영적인 이야기를 다 할 수는 없습니다. 나오미도 그게 안 됐기 때문에 '하나님은 나의 왕이다(엘리멜렉)' 부르짖던 경건한 남편과도 서로 영적인 도움을 주지 못했습니다. 자식들하고도 안 됐습니다.

남편이 나를 죽기까지 따르겠습니까, 자식이 그러겠습니까? 이왕이면 처음부터 룻 같은 배우자를 만나고, 룻 같은 자식을 얻을 수 있다면 얼마나 좋겠습니까만, 우리 인생이 그렇게 되기가 어렵습니다. 남편, 자식도 할 수 없는 역할을 며느리 룻 한 사람이 하고 있습니다. '내가 죽기까지 어머니를 따르리이다' 하는 동반자가 되었습니다.

믿음의 사람 열 명만 있으면 그 교회는 소도 잡고 말도 잡는다고 하는데 룻과 같은 영적인 사람이 많이 있기를 바랍니다. 믿음으로 통하니 서로 말하지 않아도 눈빛만으로 헤아릴 수 있는 영적 동반자를 얻으면 내 인생의 흉년이 끝나고 추수할 때가 이릅니다.

룻 한 사람이면 됩니다. 그런 사람이 하나 있다면 성공한 인생을 산 것입니다. 나오미와 룻은 인간적으로는 불쌍한 쌍과부였지만, 그 두 사람이 엄청난 영적 계보를 이어 갔습니다. 인류 최고의 가문 예수 그리스도의 가문을 이어 갔으니 이보다 엄청난 일이 어디 있겠습니까. 일평생 갖은 흉년을 만나고, 나오미는 룻 하나 건져 낸 것입니다. 룻도 믿음의 어머니 한 사람을 만나게 된 것입니다.

저도 환난당하고, 빚지고, 원통한 자들(삼상 22:2)이 함께하는 교회를 이루는 것이 소망입니다. 제가 도우려고 해서가 아니라 성경의 원리가 그렇기 때문에 도울 수밖에 없습니다. 십자가의 고난 없이는 영광도 없기 때문입니다. 학벌 좋은 사람, 돈 많은 사람이 온다고 해도 막지는 않겠지만 그야말로 텅 비어서 하나님의 건물로 지어질 사람이 와야 그것이 축복입니다. 육적으로 완전히 무너진 사람이 와서 하나님 말씀으로 지어졌다는 간증이 있어야 진짜 건강한 교회라고 생각합니다.

물론 육적인 것이 차 있어도 영적으로 곤고함이 있어서 하나님이 들어갈 수 있는 사람도 있습니다. 육적인 것이 많든 적든 나오미처럼 완전히 텅 비어서 하나님께서 지어 줄 여지가 있는 것이 복입니다. 텅 빈 우리의 만남이 최고의 만남입니다. 하나님만을 바라는 하나님의 최고가 만나서 천국을 누리는 천국 공동체가 세워집니다.

구원에 참여하기 위해 공동체에 속해 있습니까? 나와 맞지 않는다고, 싫은 사람이 있다고 천국 공동체에서 나와 방황하고 있지는 않습니까? 영적으로 갈급하여 하나님만 바라는 삶을 살고 있습니까?

보통 사람이라면

'내가 왜 이 떨거지 같은 시어머니를 죽을 때까지 모셔야 하나'

생각하지 않겠습니까? 그러나 룻은 손이 가고 발이 가는

헌신을 해야 함에도 불구하고 시어머니를 소중히 여겼습니다.

그렇기에 최고의 사람을 만난 것입니다.

말씀으로 기도하기

룻과 나오미의 만남이 불행한 두 여인의 만남으로 보였겠지만 영적으로 최고의 만남이었습니다. 어머니의 하나님이 나의 하나님이 되는 믿음의 동반자가 되었기에 예수 그리스도의 계보를 잇는 위대한 성취를 이루었습니다.

최고의 만남은 은혜로 예정된 만남입니다. (룻 2:1)

흉년을 피해 모압으로 떠난 엘리멜렉과 달리 보아스는 약속의 땅에서 흉년을 이기고 유력하게 된 사람입니다. 여리고 기생 라합의 아들로서 겸손하게 하나님의 은혜를 구했기에 영적으로, 육적으로 유력한 자가 되어 룻과 만났습니다. 좋은 부모 나쁜 부모, 좋은 배우자 나쁜 배우자가 있는 것이 아닙니다. 그들이 있어 내가 하나님을 알고 은혜를 누렸다면 그것이 최고의 만남임을 알고 헌신하게 하옵소서.

만남을 소중히 여겨야 합니다. (룻 2:2~7)

나오미와의 만남을 소중히 여긴 룻처럼 보아스도 모든 만남을 소중히 여기는 사람이었습니다. 어떤 사람, 어떤 일도 하찮게 여기지 않고 소중하게 여길 때 우리의 모든 만남이 최고의 만남이 될 것을 믿습니다. 룻이 보아스의 밭에 이른 것이 우연이 아니듯 오늘 내게 허락하신 모든 만남이 우연이 아님을 믿습니다. 하나님의 섭리 안에서 구속사를 이루는 만남이 되기를 기도합니다.

천국 공동체의 만남이 최고의 만남입니다. (룻 2:8~10)

보아스가 룻에게 밭에서 떠나지 말고 소녀들과 함께 있으라고 한 것은 룻을 보호하기 위해서였습니다. 공동체에 들어가서 떠나지 않는 것이 죄와 유혹으로부터 나를 보호하고 지키는 것임을 알기 원합니다. 희락의 여인 나오미가 모든 것을 잃고 텅 빈 채 돌아왔지만, 믿음의 동반자 룻을 얻었기에 최고의 만남으로 천국을 누렸습니다. 육적으로 텅 비어서 하나님으로 채워지는 사람들, 환난당하고 빚지고 원통한 자의 공동체에 속하게 하시니 감사합니다. 내 배우자, 내 자녀가 아니어도 말씀을 나누는 믿음의 동반자들이 있음에 감사하며 천국 공동체 안에서 천국을 누리게 하옵소서.

우리들 묵상과 적용

물질과 명예를 최고의 가치로 여기며 살던 저는 의사인 아내를 만나 설렘으로 결혼했습니다. 결혼 후 아내가 난소종양으로 불임 진단을 받았지만 세 번의 시험관 시술 끝에 남매 쌍둥이를 임신했습니다. 그러나 임신 중기부터 조기진통이 계속되어 아내와 태중의 아이들이 위험에 처하자, 저는 "가족을 살려 주시면 진정한 하나님의 백성이 되고 십일조도 하겠다"고 처음으로 간절히 기도를 드렸습니다. 기도의 응답으로 하나님께서 아내와 아이들의 생명은 지켜 주셨지만, 1.6㎏으로 태어난 쌍둥이 남매 중 아들이 24개월에 뇌성마비, 36개월에는 자폐 진단을 받았습니다.

아내가 많이 힘들어했지만 저는 명예욕을 버리지 못하고 교수 자리를 탐내며 대학병원에서 열심히 일했습니다. 그 와중에 아파트 구입과 주식 투자의 빚으로 아내도 아이들을 장모님과 보모에게 맡기고 병원 일을 다시 시작했습니다. 그런데 룻이 나오미에게 가르침을 구하듯(룻 2:2) 소그룹 예배에서 말씀으로 가르침을 구하던 아내가 아이들을 영적으로 양육하는 것이 우선이라며 일을 그만두었습니다.

저로서는 당황스럽기만 했고 교회도 멀어서 절대 못 간다고 버텼습니다. 아내가 억지로 등록한 후에도 소그룹 예배는 시간이 없어서 못 간다고 버텼습니다. 그러나 같은 의사로 영적 · 육적으로 유력한 집사님을 만나 의리 때문에 소그룹 예배에 한 번 참석했다가 결국 정착하게 되었고, 이제는 소그룹 공동체가 저를 보호하는 천국 공동체가 되었습니다.

아들의 장애 진단이 제 인생의 유일한 장애물로 여겨졌는데 제가 육적인 가치 때문에 약속의 땅을 떠난 엘리멜렉이고(룻 1:1), 그래서 가족이 수고해야 했음을 깨달았습니다. 가족 때문에 열심히 일하는 것이라 했지만 상대적인 가치를 얻기 위해 절대적인 가치를 하찮게 여겼던 것이고, 매일 야근으로 아빠의 자리도 지키지 못한 것입니다.

아들 치료비와 생활비를 생각하면 쉽지 않은 일이었지만, 육아에 동참하기 위해 대학병원을 그만두고 퇴근이 일정한 직장으로 옮겼습니다. 하나님께서 은혜를 베푸셔서 수요예배도 드리고 양육도 받았습니다. 성실하게 이삭줍기를 했던 룻처럼(룻 2:3) 아이들을 잘 키우기 위해 하찮아 보이던 일들을 열심히 했습니다. 아내와의 만남, 장애를 가진 자녀와의 만남, 교회와의 만남이 저에게는 인생 최고의 만남이고 축복인 것을 고백합니다. 우리 부부를 텅 비게 하시고 천국으로 채워 주신 하나님, 사랑합니다.

기도

아버지 하나님, 최고의 만남을 기다리며 참 열심히 살았습니다. 그러나 하나님을 만나기 전에는 나에게 유익이 되는 사람은 소중히 여기고, 유익이 안 되는 사람은 무시하고 차별하는 이기적이고 악한 만남뿐이었습니다. 그런 나를 심판하시기 위해서 하나님의 예정으로 인도하시니 감사합니다. 우연히 만난 것 같은 모든 만남이 하나님께서 훈련하신 만남이었음을 알았습니다. 최악의 만남이었다고 관계를 끊어 버리려는 생각을 버리게 하옵소서. 세상에서 최고의 만남을 갖겠다고 헤매는 방황을 그치게 하옵소서.

모든 값을 치르고 텅 비어서야 천국 공동체의 위력을 절감합니다. 이제 최고의 만남을 이어갈 수 있습니다. 최고의 만남인 예수님을 만남으로 내 배우자, 내 부모, 내 자녀와의 만남도 최고가 되는 은혜를 누리기 원합니다. 우연이 아니라 하나님의 예정으로 이루어진 모든 만남을 소중히 여기고 진실한 태도를 보이며, 모든 것을 잃어도 하나님으로 채워지는 은혜를 누리기 원합니다. 교회와 말씀이 있는 공동체에 속한 것이 나를 보호하고 지키시는 일임을 알고 천국 공동체에서 오늘도 천국을 누리기 원합니다. 예수님의 이름으로 기도합니다. 아멘.

하나님 아버지,

내 속에 있는 차별을 버리고 상대에게 필요한

구체적인 배려를 베풀게 하옵소서.

chapter 5

구원을 위한 배려

룻기 2:11~23

'배려' 하면 남을 돕거나 친절을 베푸는 마음 정도로 생각하기 쉽습니다. 그러나 배려는 해도 되고 안 해도 되는 것이 아니라 반드시 해야 하는 성경의 명령입니다.

고대 그리스 극작가 메난드로스는 "마음을 자극하는 단 하나의 사랑의 명약, 그것은 진심에서 우러나오는 배려다. 특히 남자는 그런 배려에 굴복한다"라고 했습니다. 그러나 내가 진심에서 우러나오는 배려를 한다고 해도 상대가 받아들이지 않을 때도 있습니다. 모든 일은 내 마음 같지 않습니다.

어느 전도사님이 지하철을 타고 가는데 한구석에 할머니가 서 계시더랍니다. 할머니께 자리를 양보하려고 가방으로 자리를 맡아 두고 할머니를 모셔 왔는데, 글쎄 어떤 아주머니가 아무렇지도 않게 가방을 치우고 앉아 있는 겁니다. 정말 화가 나지 않겠습니까?

화를 내야 할까요, 말아야 할까요? 이럴 때 화를 내지 않고 아주머니 앞에 그대로 서 있는 것이 배려입니다. 아마 아주머니도 낯이 뜨거웠을 것입니다. 내가 할머니를 배려한다고 아주머니에게 화를 내고 싸운다면 그것은 전혀 배려가 아닙니다.

배려는 여유 있는 자만 베푸는 게 아닙니다. 내가 받고자 하는 그것을 내가 먼저 행동으로 보여 주는 것이 배려입니다. 그래서 진정한 배려는 인간의 힘으로는 할 수 없습니다.

믿음의 배려가 진정한 배려입니다

> 보아스가 그에게 대답하여 이르되 네 남편이 죽은 후로 네가 시어머니에게 행한 모든 것과 네 부모와 고국을 떠나 전에 알지 못하던 백성에게로 온 일이 내게 분명히 알려졌느니라 _룻 2:11

보아스가 룻의 질문에 대답합니다. 유대 땅에서 인정받는 유력한 자 보아스이지만 이방의 가난한 소녀인 룻을 무시하지 않았습니다.

믿음의 배려는 사람을 차별하지 않습니다.

우리 사회는 가진 자가 더 무섭고 이기적이라고 합니다. 학력이 높을수록 남녀 평등의식이 낮고, 학연과 지연을 따지고, 그런 부모 밑에서 자란 청소년은 개인주의가 심하다고 합니다. 어머니의 학력이 높을수록, 경제적 수준이 높을수록 이런 성향이 더 강하다는 기사를 읽었습니다.

우리들교회에 오신 지 얼마 안 된 성도 한 분이 이런 말을 했습니다. 우리들교회는 이혼을 했거나 명문대 출신이거나, 둘 중 하나가 아니면 버티기 힘든 곳이라고요. 세상 동창 모임도 아닌데 명문대 출신이 너무 많다고, 자격지심일지 모르겠지만 명문대 이름이 계속 거론되는 것이 불편하다고 했습니다. '내 귀가 열리지 않아서 그런 거겠지, 이것 또한 훈련이지 않겠는가' 생각하면서도 기분이 나쁘다는 것입니다.

우리들교회 소그룹 예배에서는 워낙 솔직한 나눔이 오가다 보니 특정 이야기만 들으면 자랑하는 것처럼 들릴 수도 있을 것입니다. 제 설교를 듣고도 '저 목사는 자랑을 많이 한다'고 하시는 분도 있기에 충분히 그럴 수 있다고 생각합니다.

맞습니다. 우리들교회에 망하고 이혼하고 아픈 분들도 많지만 명문대 출신에 직업이 유력한 분도 많이 있습니다. 그들은 그들 나름대로 힘든 것을 이야기하는데 그것이 자랑으로 들릴 수도 있습니다. 이것을 인정하고 불편하다고 하는 그분을 배려해야 합니다.

다른 성도 한 분은 이렇게 추운 교회는 처음 봤다고, 추운데도 예배 세팅을 하고 주차 안내를 하는 분들에게는 경의를 표하지만 자기는 절대 못 견디겠다고 합니다. 그러니 추우면 예배를 빨리 끝내고 따뜻해지면 다시 길게 하라고 건의(?)를 하셨습니다.

판교에 우리들교회 새 성전이 지어졌지만 휘문고등학교에서의 예배도 그대로 드리고 있습니다. 냉난방이 안 되는 학교 체육관에서 예배를 드리다 보니 힘들어하는 분들이 많습니다. 저도 눈이 오고 비가 올 때마다, 날씨가 춥고 더울 때마다 고생하는 성도들을 생각하며 무엇이 교회에 유익인지 늘 고민하게 됩니다. 하지만 춥고 더워서 예배를 짧게 드리는 것이 성도를 위한 배려는 아닐 것입니다.

그렇다고 예배가 우선인데 날씨를 탓하느냐, 은혜를 못 받아서 그렇다 이러면 안 됩니다. 믿는 우리가 남을 배려하는 것은 반드시 따라야 할 하나님의 명령입니다. 해도 안 해도 되는 것이 아니라 순종해야 할 명령이기에 의도적으로 남을 배려하는 훈련을 해야 합니다.

어떤 목자님은 자신을 존경하는 사람 앞에서는 권위 있게 지적하지만, 목자를 우습게 보는 사람을 만나면 더 품고자 노력한다고 합니다. 목자이기에 어떤 환경도 받아들이는 것이 상대를 향한 진정한 배려라고 생각하기 때문입니다.

누가 불편하다, 상처를 받았다고 하면 거기에도 성실하게 귀를 기울여야지 옳고 그름으로 따지려고 하면 안 됩니다. 믿음에서 출발하는 배려가 본질적인 배려입니다.

추워서, 더워서 힘들 수 있습니다. 명문대 학력을 거론하는 게 거슬릴 수 있습니다. 리더를 우습게 볼 수도 있습니다. 이것을 인정하고 불편하고 힘든 분들을 먼저 돌아보는 것이 서로를 위한 배려입니다.

> 보아스가 그에게 대답하여 이르되 네 남편이 죽은 후로 네가 시어머니에게 행한 모든 것과 네 부모와 고국을 떠나 전에 알지 못하던 백성에게로 온 일이 내게 분명히 알려졌느니라 _룻 2:11

믿음의 사람이어야 진정한 배려를 주고받을 수 있습니다.

보아스는 룻이 시어머니 나오미에게 행한 효의 소문을 들었습니다. 이웃에 대한 사랑의 첫 계명이 부모님에 대한 사랑입니다. 부모를 공경한 룻의 소문, 어머니의 하나님을 자신도 따르겠다는 믿음의 소문이 베들레헴 사람들에게 들렸습니다. 구원의 일, 믿음의 일은 모든 사람에게 저절로 알려지게 됩니다. 말씀에 순종하면서 하나님의 일을 하고 있으면 가만히 있어도 하나님이 소문을 내 주십니다.

여러분의 믿음의 소문은 어떻게 나고 있습니까? 가까운 사람조차 눈살을 찌푸리게 하는 소문의 주인공은 아닙니까?

> 여호와께서 네가 행한 일에 보답하시기를 원하며 이스라엘의 하나님 여호와께서 그의 날개 아래에 보호를 받으러 온 네게 온전한 상 주시기를 원하노라 하는지라 _룻 2:12

보아스가 룻을 축복합니다. 나오미를 붙좇아온 룻의 행함을 여호와의 명령으로 갈대아 우르를 떠난 아브라함의 행함에 견주었습니다(창 12:1). 이스라엘 백성을 독수리 날개로 업어 인도하셨다(출 19:4)는 출애굽기 말씀으로 하나님께서 너를 아시고, 너를 인도하셨다고 합니다. 룻이 자기 나라를 버리고 온 것을 믿음의 결단이라고 칭찬한 것입니다. 어쩌다가 나오미 집안에 시집을 와서 베들레헴까지 온 것이 아니라 믿음으로 결단하고 온 것이기에 하나님께서 온전한 상을 주시리라고 축복합니다.

사사 시대, 사람들이 각자 소견에 옳은 대로 행하던 때에 이방의 한 여인 룻이 믿음의 결단으로 약속의 땅에 왔습니다. 이스라엘 백성은 이미 약속의 땅에 들어온 것에 대한 감사가 식었습니다. 그런 시대에 그들이 무시하는 모압 여인 룻의 믿음이 이스라엘 백성과 극명한 대조를 이루고 있습니다. 배부르고 등 따듯한 백성은 하나님의 은혜를 모르고 살아가는데, 갈 곳 없고 먹을 것 없는 룻은 하나님의 은혜를 풍성하게 누리고 있습니다.

레위기에서는 “너희가 너희의 땅에서 곡식을 거둘 때에 너는 밭 모퉁이까지 다 거두지 말고 네 떨어진 이삭도 줍지 말며 네 포도원의 열매를 다 따지 말며 네 포도원에 떨어진 열매도 줍지 말고 가난한 사람과 거류민을 위하여 버려두라”(레 19:9~10)고 말씀하십니다.

레위기 19장의 명령은 추수한 후에 이삭을 남겨 놓는 정도가 아니라, 밭 모퉁이는 추수도 하지 말고 그대로 남겨 놓으라는 말씀입니다. 그런데 이스라엘 백성이 이 말씀대로 순종했다는 내용이 성경 어디에도 없습니다. 룻기 본문에 처음 나옵니다. 각각 자기의 소견에 옳은 대로 행하던 시대에 보아스는 말씀에 순종하고 실천하는 삶을 살았습니다. 이렇게 말씀대로 사는 보아스였기에 믿음의 여인 룻을 알아볼 수 있었습니다.

또한 보아스의 어머니가 이방 여인 라합이었기에 누구보다 룻의 결단이 얼마나 대단한 것인지를 알아볼 수 있었습니다. 룻과 비교해도 더 무시 받을 수밖에 없는 사람이 라합입니다. 라합은 이방 여인으로 기생 출신입니다. 여리고를 정탐하는 이스라엘의 정탐꾼을 숨겨 주고 자신은 구원을 얻었으니, 여리고 입장에서 보면 나라를 팔아먹은 반역자이고 매국노입니다. 그러나 구속사적으로 보면 룻처럼 종교와 언어, 나라를 버리고 하나님을 좇은 믿음의 여인이었습니다. 그러니 보아스가 룻을 볼 때 어머니의 모습을 보지 않았겠습니까. 겸손할 수밖에 없는 처지로 하나님만을 부르짖는 그 모습에 바로 '이 사람이다!' 하고 알아보았을 것입니다.

결혼할 때 이 한 사람을 알아보면 됩니다. 내가 믿음의 한 사람을 알아보고, 나의 믿음을 알아봐 줄 한 사람만 있으면 됩니다. 가난한 과부 룻에게 이런 보아스가 기다리고 있었습니다. "믿음이 이기네! 믿음이 이기네!" 믿음이 모든 것을 이깁니다. 믿음이 진정한 배려를 가능하게 하고 믿음이 있어야 사람을 분별할 수 있습니다.

보아스는 어머니 라합의 하나님을 자신의 하나님으로 섬겼습니다. 룻도 어머니 나오미의 하나님을 자신의 하나님으로 섬겼습니다. 저도 같은 믿음을 가진 분을 보면 감동이 됩니다. 보아스는 룻을 믿음으로 분별했습니다. 유력한 보아스가 왜 결혼을 안 하고 있었겠습니까. 믿음의 여인 한 사람을 기다렸을 것입니다. 룻의 믿음의 소문을 듣고 진실한 태도를 보면서, 보아스는 룻이 하나님의 날개 아래 보호함을 받으라고 자신에게 보내진 사람이라는 걸 알았습니다.

> 룻이 이르되 내 주여 내가 당신께 은혜 입기를 원하나이다 나는 당신의 하녀 중의 하나와도 같지 못하오나 당신이 이 하녀를 위로하시고 마음을 기쁘게 하는 말씀을 하셨나이다 하니라 _룻 2:13

주고받는 배려가 진정한 배려입니다.

보아스는 믿음 때문에 룻을 돕는다고 밝혔습니다. 그리고 룻도 당신께 은혜 입기를 원한다고 그의 배려에 반응합니다. 자신이 그런 배려를 받을 자격이 없는 자라고 고백하며 낮고 낮은 마음으로 감사를 표합니다. 그렇지만 열등감이 없었기에 적극적으로 은혜를 구했습니다.

인생에는 우리가 어쩔 수 없는 수동적인 부분이 있습니다. 룻이 과부가 된 것도, 보아스의 밭까지 온 것도 환경에 이끌려서 수동적으로 온 것이었습니다. 그러나 그렇게 수동적으로 이끌려 온 현장에서 능동적으로 최선을 다하고 적극적으로 헌신하는 것은 내가 할 수 있는 부분입니다. 어쩔 수 없이 가야 하는 길이라도 거기에서 적극적으로 은혜를 구하며 열심히 말씀을 따라서 살아가면 됩니다. 어떤 환경에서도 적극적으로 오늘 내 삶을 잘 살아갈 때 나의 모든 삶의 현장이 하나님의 뜻이 이루어지는 곳이 됩니다.

큐티 모임이 큐티선교회로 이어지고, 우리들교회로 이어지면서 국내의 유력한 목사님들이 이사직을 맡아 주셨습니다. 시집살이하며 '집순이'로만 살던 제가 어떻게 유명한 목사님들을 이사로 모실 수 있었는지 스스로 생각해도 신기합니다. 개인적인 친분이나 교제도 없었고, KOSTA(국제 복음주의 학생 연합회)에서 뵌 것이 전부였습니다. 당시 평신도 사역을 하면서 그런 부탁을 드렸다가 창피만 당하는 건 아닐까 염려되기도 했습니다. 그런데 그 바쁜 목사님들께 모두 연락이 되었고, 모두 허락해 주셨습니다. 제가 주 안에서 열등감이 없고 주님의 일이라는 확신이 있었기 때문에 적극적으로 은혜를 구했습니다. 내가 아무리 교양 있고, 수줍은 성격이라도 하나님의 일을 위해서는 '은혜 입기를 구하나이다' 하고 적극적으로 나가야 할 때가 있습니다. 어쩔 수 없는 환경으로 인도하실 때도 있지만 그 환경에서 능동적으로 헌신하고 순종할 때 믿음의 배려를 하고 믿음의 배려를 받을 수 있습니다.

외모가 아닌 믿음으로 차별 없는 배려를 하고 있습니까? 이런저런 기준으로 사람을 판단하고 차별하면서 내가 돌려받을 수 있을 때만 배려합니까?

하나님의 일을 위해서 자존심을 내세우지 않고 적극적으로 은혜를 구합니까?

믿음의 배려는 구체적입니다

믿음의 배려는 구체적으로 어떻게 하는 것입니까?

식사할 때에 보아스가 룻에게 이르되 이리로 와서 떡을 먹으며 네 떡 조각을 초에 찍으라 하므로 룻이 곡식 베는 자 곁에 앉으니 그가 볶은 곡식을 주매 룻이 배불리 먹고 남았더라 _룻 2:14

배고픈 사람의 입장을 생각하여 배불리 먹고도 남을 정도로 배려합니다.

룻이 이삭을 주우러 일어날 때에 보아스가 자기 소년들에게 명령하여 이르되 그에게 곡식 단 사이에서 줍게 하고 책망하지 말며 _룻 2:15

다른 사람들이 룻을 책망하지 않도록 소년들에게 명령하여 배려합니다.

또 그를 위하여 곡식 다발에서 조금씩 뽑아 버려서 그에게 줍게 하고 꾸짖지 말라 하니라 _룻 2:16

대놓고 도와주는 것이 아니라 조금씩 뽑아 버리는 것처럼 해서 룻이 주울 수 있도록, 자존심이 상하지 않게 배려합니다.

룻이 밭에서 저녁까지 줍고 그 주운 것을 떠니 보리가 한 에바쯤 되는지라 _룻 2:17

한 에바는 열두 되 20리터 정도 양입니다. 룻과 나오미가 오래 먹을 수 있는 많은 양입니다. 형식적이 아니라 실제적인 도움으로 배려합니다.

그것을 가지고 성읍에 들어가서 시어머니에게 그 주운 것을 보이고 그가 배불리 먹고 남긴 것을 내어 시어머니에게 드리매 _룻 2:18

룻이 시어머니를 잘 섬기도록 배려합니다.

이에 룻이 보아스의 소녀들에게 가까이 있어서 보리 추수와 밀 추수를

마치기까지 이삭을 주우며 그의 시어머니와 함께 거주하니라
_룻 2:23

오랫동안 일할 수 있도록 배려합니다. 보리 추수와 밀 추수를 마칠 때까지 이삭을 줍게 하여 룻의 가정을 지속적으로 돕습니다.

시어머니가 그에게 이르되 오늘 어디서 주웠느냐 어디서 일을 하였느냐 너를 돌본 자에게 복이 있기를 원하노라 하니 룻이 누구에게서 일했는지를 시어머니에게 알게 하여 이르되 오늘 일하게 한 사람의 이름은 보아스니이다 하는지라 _룻 2:19

룻이 사명을 잘 감당하도록 배려합니다. 보아스의 배려는 자기 유익을 위한 것이 아니라 오롯이 룻과 나오미만을 생각한 것입니다. 그는 룻이 이삭을 잘 줍도록 도우면서도 거저 주지는 않습니다. 공짜로 주어서 끼니나 해결해 주는 것이 아니라 그녀가 스스로 일을 하도록 도운 것입니다. 사명을 감당하도록 일거리를 주고 지속적으로 보살핍니다. 이것이 진정한 배려입니다. 사랑은 작은 관심에서 시작되지만, 그 열매는 지속적인 배려를 통해 나타납니다.

룻과 나오미도 받기만 하는 것이 아니라 '너를 돌본 자에게 복

이 있기 원한다'고 보아스가 복 받기를 기도합니다. 가난하다고 무조건 얻어먹을 권리가 있는 것은 아닙니다. 도움은 하나님의 은혜로 주는 것이지만 받는 자는 스스로 노력해서 먹을 것을 구해야 합니다. 하나님께서도 무작정 도와주라고 하지 않으셨습니다. 나오미와 룻도 자신들이 도움 받은 만큼 기도로 갚았습니다.

남을 배려할 때 상대방의 입장과 상황과 자존심까지 고려해서 배려합니까? 생색을 잔뜩 내고 상대방을 불편하게 하면서 배려라고 착각합니까? 무조건 돕는 것이 아니라 지속해서 상황을 개선하고 자기 일을 할 수 있도록 살피면서 배려합니까?

배려의 결국은 구원입니다

나오미가 자기 며느리에게 이르되 그가 여호와로부터 복 받기를 원하노라 그가 살아 있는 자와 죽은 자에게 은혜 베풀기를 그치지 아니하도다 하고 나오미가 또 그에게 이르되 그 사람은 우리와 가까우니 우리 기업을 무를 자 중의 하나이니라 하니라 _룻 2:20

우리의 모든 것이 구원을 위한 것이듯 배려의 결국도 구원입니다. 구원을 위한 배려, 믿음의 후손을 위한 배려를 해야 합니다.

나오미는 기업을 무를 자인 보아스의 배려를 통해서 후손에 대한 소망을 가지게 됩니다. 보아스가 나오미 집안의 먼 친척이기에 그에게 기업 무를 책임이 있었습니다. 믿음의 사람으로, 부자에 유력한 자인 보아스가 기업을 무를 자라고 하니 나오미에게는 기쁜 소식입니다. 기업을 무른다는 것은 이렇습니다. 예를 들어, 형이 가난해서 땅을 다 팔고 없으면, 동생이 그 땅을 되사 주는 제도입니다(레 25:25). 친형제가 있으면 형제가, 형제가 없으면 삼촌, 사촌, 오촌, 육촌, 먼 친척이라도 기업 무를 책임이 있습니다.

영적으로 나의 기업을 무를 자가 예수 그리스도입니다. 여기에서 보아스는 예수 그리스도의 표상입니다. 룻이 보아스에게 은혜 입은 이야기를 했을 때, 룻은 그것이 하나님의 인도하심이었다는 걸 몰랐지만 나오미가 깨닫게 해 주었습니다.

룻의 이야기를 듣고 "얘, 룻아 그 사람은 기업을 무를 사람이구나, 그는 예수를 너무 잘 믿는 사람이구나"라고 이야기해 준 것입니다. 이것이 영적 동반자의 역할입니다. 룻이 보아스를 만났어도 그가 누구인지 나오미가 분별해 주지 못했다면 룻과 보아스는 결혼하지 못했을 것입니다.

서로 격려하고 깨닫게 해 주면서 상대가 영적인 것을 이루어

가도록 돕는 것이 최고의 배려입니다. 이보다 더한 배려는 없습니다. 믿음의 사람을 만나게 해 주는 것, 이것이 최고의 배려입니다.

21 모압 여인 룻이 이르되 그가 내게 또 이르기를 내 추수를 다 마치기
까지 너는 내 소년들에게 가까이 있으라 하더이다 하니 22 나오미가
며느리 룻에게 이르되 내 딸아 너는 그의 소녀들과 함께 나가고 다른 밭
에서 사람을 만나지 아니하는 것이 좋으니라 하는지라 _룻 2:21~22

우리가 이삭을 주우러 나가야 할 밭이 있고, 가지 말아야 할 밭이 있습니다. 또 만나야 할 사람이 있고, 만나지 말아야 할 사람이 있습니다. 어디는 가야 하고 어디는 가지 말아야 하는지 분별이 필요합니다. 이것을 알려 주는 것이 진정한 배려입니다.

보아스는 단호하게 '내 밭에 있으라'고 말합니다. 자칫 강요하는 것으로 보일 수 있지만 보아스 공동체가 곧 예수 공동체이기에 이럴 때는 욕을 먹더라도 단호해야 합니다. 아무 곳에나 갔다가는 이단에도 가고 삼단에도 갑니다.

구원을 위해서 우리에게 전략이 필요합니다. 믿지 않는 남편, 교회는 다니지만 구원의 확신이 없는 남편들을 하나님께 인도하기 위해서 얼마나 지혜가 필요한지 모릅니다. 다른 사람의 마음을 감

화시키는 것은 인위적으로 되는 일이 아닙니다. 진짜 구원 때문에 우러나오는 사랑이 아니면 안 됩니다. 구원을 위해서 단호하게 다른 밭에는 가지 말고, 예수 공동체에 붙어 있으라고 말할 수 있어야 합니다.

> 이에 룻이 보아스의 소녀들에게 가까이 있어서 보리 추수와 밀 추수를 마치기까지 이삭을 주우며 그의 시어머니와 함께 거주하니라 _룻 2:23

'그의 시어머니와 함께 거주하니라' 하신 말씀에 특별히 은혜를 받습니다. 사랑하는 사람이지만 어떻게 보면 봉양해야 할 짐으로 여길 수도 있습니다. 처음엔 좋은 마음으로 누군가를 돕겠다고 하더라도 계속 내 돈이 들어가고, 시간이 들어가면 싫을 수밖에 없습니다. 그래도 룻은 그 시어머니와 함께 거했다고 합니다. 물질로, 마음으로 섬겨야 할 사람이 있는데, 그 사람을 너무 사랑해서 섬김이 기쁨이 된다면 그것만큼 큰 능력은 없습니다.

예수 믿어서 기쁘다고 갑자기 모든 환경이 달라지는 것은 아닙니다. 예수 믿고 기쁜 가운데서도 여전히 함께 거하며 섬겨야 할 힘든 사람이 있습니다. 그것이 은혜 받은 자의 삶이요, 예수 그리스도의 사랑에 빚진 자의 삶입니다.

우리들교회 고등부 학생의 간증입니다. 이 학생은 평생 아버지에게 배려라고는 받아보지 못하다가 자신이 주님을 만나고 도리어 아버지를 배려하게 되었다고 고백했습니다.

미대 입시를 앞두고 이 학생은 자기소개서를 준비하면서 결론으로 '진실은 힘이 있다. 그래서 나는 진실을 담는 화가가 될 것이다'라고 썼습니다. 이를 본 면접관이 "네가 제출한 자기소개서와 포트폴리오에서 너의 진실이 무엇인지 설명해 보라"고 했습니다.

학생은 "저는 겉으로 보기에 공부도 잘하고 그림도 잘 그리고 성격도 활달하지만, 저의 진실은 가족을 괴롭히는 아버지와 가난한 집안 형편 때문에 우울하고 힘들다는 것입니다. 제 그림에 그런 우울한 진실을 표현했습니다"라고 대답했습니다. 그러자 면접관들의 표정이 밝아지면서 분위기가 좋아졌다고 합니다.

자기소개서를 가득 채운 아버지 이야기를 보고 면접관은 학생의 아버지에 대해 물었습니다.

"저에게 아버지는 늘 두려운 존재였습니다. 돈도 벌지 않고 집에만 계시면서 가족을 힘들게 하셨기 때문입니다. 정말 말 못 할 고통이었습니다. 하지만 이제는 아버지께 감사합니다. 왜냐하면 저는 그런 아버지 때문에 힘든 사람들을 이해할 수 있게 되었고, 저의 헝그리 정신도 가난한 아버지 덕분에 얻었습니다. 아버지를 통해서 가난한 부모, 힘든 부모가 가장 좋은 부모가 될 수 있다는 것을 알았습니다."

학생의 대답이 끝나자 면접관인 남자 교수님들이 정말 좋아했다고 합니다. 그리고는 대학에 떡하니 합격이 되었습니다.

이 학생은 교회에서 "진실함과 솔직함이 능력"이라는 말씀을 늘 들어 왔기에 가난하고 힘든 환경이 최고의 스펙이 될 수 있다는 자신감으로 자기소개서를 썼다고 합니다. 그랬더니 쓸 이야기가 넘쳤다고 합니다.

너무 놀랍고, 감동되지 않습니까? 이런 아이들 때문에 소망이 있습니다. 아무리 힘들고 어려운 가정이라도 엄마가 아빠를 버리지 않고 끊임없이 섬기는 모습을 보여 주었기에 이 학생이 이런 열매를 맺을 수 있었다고 생각합니다. 어떤 환경 속에서도 한 사람이 말씀으로 중심을 잘 잡고 서 있으면 이렇게 모두가 달라지는 것입니다.

말씀에는 위력이 있어서 나를 힘들게 한 부모일지라도 도리어 자녀가 부모를 배려하게 되었습니다. 환경을 차별하지 않게 해 달라고 기도하십시오. 나에게 주신 어떤 환경이라도 감사하며 하나님의 말씀대로 진실하게 살아가면 하나님이 뜻하는 바를 이루어 주실 줄 믿습니다.

룻이 지금까지 눈치를 보고 줍다가 이제는 마음껏 이삭을 줍게 되었습니다. '이삭줍기'는 '전도' 아닙니까? 딱 보니 제가 적용할 말씀입니다. 때로는 평신도라는 이유로, 때로는 여자라는 이유로 전도하면서 눈치 볼 일이 많았는데 이제 교회를 통해서 마음껏 전도하게 되었습니다. 사역하면서 육체적으로 힘이 드는 것도 사실이고 사탄의 방해도 있었지만, 주님께서 울타리가 되어 주셔서 '책망하지도 말고, 꾸짖지도 말고 마음껏 줍게 하라' 하셨으니 저는 부지런히 줍는 일만 할 따름입니다.

다시 한 번 강조하지만, 배려의 결국은 영혼 구원이어야 합니다. 이를 위해 수고하여 천국에서 해같이 빛나는 우리가 되기를 소망합니다.

현재 환경에서 주님께서 허락하신 밭, 마음껏 전도할 수 있는 곳은 어디입니까? 내 배를 채우는 이삭줍기가 아닌, 구원으로 인도하는 이삭줍기 사명을 허락하신 은혜에 감격하며 순종합니까?

우리의 모든 것이 구원을 위한 것이듯

배려의 결국도 구원입니다.

구원을 위한 배려, 믿음의 후손을 위한 배려를 해야 합니다.

말씀으로 기도하기

배려는 여유 있는 자가 남에게 베푸는 것이 아니라 반드시 해야 하는 성경의 명령입니다. 내가 받기 원하는 그것을 행함으로 먼저 보여 주는 것이 배려이고, 그래서 배려는 하나님의 은혜가 아니면 인간의 힘으로는 불가능합니다.

믿음의 배려가 진정한 배려입니다. (룻 2:11~13)

보아스가 이방 여인 룻을 진실하게 대하는 것처럼 믿음의 배려는 사람을 차별하지 않는 것입니다. 교회 안에서도 외적인 조건으로 차별하며 남을 배려하지 못하는 것을 회개합니다. 보아스가 룻의 믿음의 소문을 들었기에 믿음으로 룻을 배려하고 진정한 배려를 주고받았습니다. 적극적으로 은혜 입기를 청하는 룻처럼, 하나님께서 허락하신 현장에서 적극적으로 은혜를 구하며 헌신하게 하옵소서.

믿음의 배려는 구체적입니다. (룻 2:14~19, 23)

보아스는 상대방의 입장에서 배불리 먹고 남을 정도로 배려합니다. 다른 이들이 책망하지 않도록, 자존심이 상하지 않도록 실제적인 도움으로 배려합니다. 시어머니를 잘 섬기도록, 오랫동안 사명을 잘 감당하도록 배려합니다. 내가 주는 입장일 때는 상대방을 자세히 살피고 구체적인 배려를 하게 하시고, 내가 받는 입장일 때는 무조건 받는 것이 아니라 내가 할 일을 성실히 하도록 기도합니다.

배려의 결국은 구원입니다. (룻 2:20~23)

나오미는 보아스의 배려를 통해 구원의 소망, 믿음의 후손에 대한 소망을 보았습니다. 룻이 미처 깨닫지 못한 것을 영직으로 해석해 주는 나오미처럼, 내 옆에 말씀을 해석해 주는 지도자와 지체들이 있게 하시니 감사합니다. 믿음의 공동체가 베풀어 준 배려로 우리 가정에도 구원의 소망, 믿음의 후손에 대한 소망이 있게 하시니 감사합니다. 영적으로 기업 무를 자이신 예수 그리스도를 주신 것이 하나님께서 내게 베푸신 최고의 배려임을 고백합니다.

우리들 묵상과 적용

청각 장애인 부모님에게서 태어난 저는 늘 건강한 부모가 있는 가정이 부러웠습니다. 할머니와 작은아버지는 장애 부모를 대신하여 우리 남매들을 엄하게 키운다며 매질을 자주 하셨습니다. 친구들에게도 무시를 받을까 봐 대학 졸업을 할 때까지도 졸업식장에서 부모님을 친구들에게 소개해 준 적이 없을 정도로 부모님을 내 인생의 장애물로 여겼습니다. 그 열등감으로 세상 성공에 열심을 내며 원하는 대학에 들어가고 대기업에 입사했습니다.

대학 시절 의대생이면서도 잘난 척하지 않고 나에게 올인해 주는 남편을 보며, 이런 사람이라면 내 인생을 맡겨도 되겠다고 행복을 꿈꾸며 결혼했습니다. 그러나 결혼 후 남편은 매일 각종 모임으로 술자리를 돌아다녔고, 아들 내조 잘 하는 것만 강조하시는 시어머니와의 갈등도 심해졌습니다. 첫 아이는 저의 우울증으로 인해 자폐증상을 보여 정신과에서 경계성 자폐와 과잉행동 장애를 진단받았습니다.

시어머니와 남편 때문에 이혼과 자살을 수없이 결심하기도 했지만, 장애 부모님이 있는 친정으로는 돌아가고 싶지 않아 의사 남편에게 붙어 살았습니다. 화려한 겉옷만 걸치면 나의 모든 부끄러움이 가려질 줄로 알고 속에서는 피가 나고 찢기면서도 우리 가정의 아픔을 가리며 살았습니다. 그러던 중 남편은 무리한 투자로 모든 재산을 다 날리고 병원은 부도가 났습니다.

혼란스러운 가운데 룻처럼 하나님의 은혜를 갈망하며 교회와 소그룹 예배를 붙좇았습니다. 남편 때문에 가정이 망했다는 것을 입증하는 것이 내 인생의 목적이었는데, 나의 욕심 때문에 내 남편이 내 자녀가 수고한다는 말씀이 깨달아졌습니다. 룻이 어쩌다 나오미 집에 시집와서 베들레헴으로 온 것이 아니라 하나님께서 독수리 날개로 업어 인도하신 것같이 저도 세상에서 끝날 인생이 아니라 하나님의 백성이 되도록 인도해 주셨습니다(룻 2:12).

남편에게 은혜 입기를 원하는 마음으로 나 때문에 수고해 줘서 고맙다고, 나와 살아 줘서 고맙다고 고백을 하였더니 남편은 감동을 받아 교회에 등록하고 양육도 받고 있습니다. 제가 구원을 위해 남편을 배려했더니 서로가 믿음으로 진정한 배려를 하게 되었습니다. 부족한 우리를 책망하지 않으시고 우리에게 주어진 사명을 잘 감당할 수 있도록 노력해서 살 수 있게 배려해 주시는 하나님, 사랑합니다.

기도

아버지 하나님, 제 속에 사람에 대한 차별이 너무 많기에 아무도 배려하지 못하는 것을 고백합니다. 제가 죄인인 것을 몰랐기에 남을 배려하지도 못하고 눈치만 보면서 어리석은 인생을 살았습니다. 외모가 아닌 믿음으로 사람을 분별할 때 믿음의 배려, 상대에게 필요한 구체적인 배려를 베풀게 될 줄 믿습니다.

보아스의 기업 무르기를 통해 나오미의 가정에 구원의 소망이 생겼습니다. 믿음의 후손에 대한 소망이 생겼습니다. 제가 전도로 봉사로 남을 배려할 때 우리 가정에도 구원의 소망이 있을 것입니다. 남편도 자녀도 돈도 우리의 보호자가 되지 못합니다. 오직 예수 그리스도만이 저의 영적 기업을 무르실 분입니다. 룻이 미처 깨닫지 못해도 나오미가 그를 알아보고 해석해 준 것처럼 믿음의 공동체에서 말씀을 나누고 해석해 줄 동반자가 있게 하옵소서. 배려의 결국은 영혼 구원이라고 하셨사오니 말씀대로 전도하는 인생이 되기 위해 우리의 모든 환경이 가고 오는 줄 믿습니다. 룻과 나오미가 가난해도 기도로 갚으며 줄 것만 있는 인생을 살았습니다. 가진 것이 없고 먹을 것이 없어도 사명을 감당하는 저와 우리 공동체가 될 수 있도록 역사해 주시옵소서. 예수님의 이름으로 기도합니다. 아멘.

하나님 아버지,

하나님께서 허락하신 안식을 누리기 원합니다.

안식을 얻기 위해 순종할 것들을 깨닫게 하옵소서.

구원을 위한 순종으로 천국의 안식을 누리게 하옵소서.

chapter 6

예수 생명이 있는 안식

룻기 3:1~6

먼 옛날의 조상들이 우리가 사는 모습을 본다면 '우리 후손들이 천국에서 사는구나'라고 생각할 것 같습니다. 자동차, 냉장고, 스마트폰, 에어컨 등 상상하지도 못했던 것을 누리고 있으니까요. 그래서 우리가 천국에 살고 있습니까? 환경이 좋아졌다고 천국은 아닙니다. 환경이 좋아져서 안식을 누리는 건 아닙니다.

안식은 하나님께서 천지를 창조하신 후 마지막으로 행하신 일입니다(창 2:2). 하나님께서 안식을 허락하시고 우리가 참된 안식을 누리기를 원하셨지만, 인간들은 자기 소견에 옳은 대로 욕심에 이끌려서 진정으로 누려야 할 안식을 잃어버렸습니다. 안식이 노동의 대가인 줄 알고 주중에 죽어라 일하고 주일을 주말로 전락시켜서 주일을 범합니다. 안식일의 의미도 모르고 안식을 누리지도 못하고 있습니다.

안식을 위해 거룩한 중매쟁이가 필요합니다

1 룻의 시어머니 나오미가 그에게 이르되 내 딸아 내가 너를 위하여 안
식할 곳을 구하여 너를 복되게 하여야 하지 않겠느냐 2 네가 함께하던
하녀들을 둔 보아스는 우리의 친족이 아니냐…… _룻 3:1~2a

안식으로 가는 길에 하나님의 말씀에 근거한 안내자가 필요합니다. 고린도후서 11장 2절은 "내가 하나님의 열심으로 너희를 위하여 열심을 내노니 내가 너희를 정결한 처녀로 한 남편인 그리스도께 드리려고 중매함이로다"라고 했습니다.

나오미는 하나님의 열심으로 룻을 중매하고자 합니다. 2장 23절에서 3장 1절에 이르기까지 얼마나 시간이 지났는지 모르지만, 시어머니인 자신을 봉양하는 룻의 한결같은 헌신을 보면서 나오미도 '나도 룻을 위해 뭔가를 해야겠다'는 사명을 찾았습니다.

나오미는 '너와 나를 위하여, 우리를 위하여' 안식할 곳을 구한다고 하지 않고 '너를 위하여' 구한다고 합니다. 내가 안식으로 다른 사람들을 인도하는 것은 내가 사는 길이기도 합니다. 영성은 거창한 것이 아니고 다른 사람을 생각하는 이타적인 마음입니다. 나만

생각하면서 방언하고 말씀 보고 기도하는 것이 무슨 소용이 있습니까? 이타적으로 다른 사람을 생각할 수 있어야 합니다. 말씀을 통하여 아내는 남편을, 남편은 아내를 생각하는 것이 영성이지 성경만 열심히 읽는다고 영성이 아닙니다. 나오미에게서 이 영성이 살아나기 시작했습니다. 나 자신만 챙기는 이기적인 사람은 영성이 생길 수 없습니다.

서로가 이타적인 마음을 가질 때 집안이 잘되게 돼 있습니다. 룻도 보아스도 나오미도 모두 이타적인 마음을 가졌기에 안식할 수 있습니다. 이기적인 사람이 하나라도 있으면 안식이 깨어지고 긴장 가운데 있게 됩니다. 집에서도 교회에서도 이기적인 한 사람 때문에 안식이 안 되고 긴장의 연속이 됩니다.

나오미가 안식을 얻기까지 참 오랜 세월 먼 길을 돌아왔습니다. 전에는 즐거움과 희락의 이름을 가지고 경건한 모습으로 살았지만 진정한 안식은 없었습니다. 이제 룻을 위하여 안식할 곳을 구하는 거룩한 중매쟁이로서 나오미에게도 안식이 왔습니다. 룻을 결혼시키는 것이 나오미의 비전이 되고 사명이 됐습니다. 어떤 결혼은 인류의 비전이 됩니다. 또 어떤 결혼은 사명과 전혀 상관이 없습니다.

나오미가 처음부터 이런 비전을 가진 것은 아닙니다. 모압을 떠나올 때만 해도 잘못된 중매로 잘못된 안식처를 권면했습니다. 두 며느리에게 '여호와께서 너희에게 허락하사 각기 남편의 집에서 위로를 받게 하시기를 원한다'(룻 1:9)고 했습니다. 안 믿는 모압 땅에서 안 믿는 남편을 만나 불신 결혼을 하라고 권합니다. 믿음이 없어도 돈 있고 먹여 줄 남편을 찾아가라고 한 것입니다.

이렇게 잘못된 안식을 권하는 사람들이 있습니다. 힘드니까 여행을 가서 안식을 얻어라, 술 마시고 다 잊어라, 맘 편하게 실컷 놀아라 하면서 참된 안식이 아닌 것들을 권합니다. 그러다 술기운이 떨어지고 돈이 떨어지면 한순간에 안식이 사라져 버립니다. 그냥 안식이 끝나는 게 아니라 불안의 세계로 접어들게 됩니다.

나오미가 룻에게 권면하는 진정한 안식의 길은 신명기 말씀을 근거로 한 것입니다. "형제들이 함께 사는데 그중 하나가 죽고 아들이 없거든 그 죽은 자의 아내는 나가서 타인에게 시집가지 말 것이요 그의 남편의 형제가 그에게로 들어가서 그를 맞이하여 아내로 삼아 그의 남편의 형제 된 의무를 그에게 다 행할 것이요 그 여인이 낳은 첫아들이 그 죽은 형제의 이름을 잇게 하여 그 이름이 이스라엘 중에서 끊어지지 않게 할 것이니라"(신 25:5~6).

당시 자식 없이 남편이 죽어서 후사가 끊어지는 것은 완전히 안식을 잃어버리는 일이었습니다. 그래서 하나님께서는 안식을 잃은 자들을 살리는 제도를 만드셨습니다. 형이 죽으면 동생에게 들어가서 그 집에 대를 이으라는 것입니다. 이것이 '고엘'입니다. 바로 기업 무르기의 한 모습입니다. 그런데 기업을 무를 대상자가 형제라고 했기 때문에 보아스가 룻과 반드시 결혼해야 하는 것은 아니었습니다. 룻과 보아스의 결혼은 기업 무르기 대상자의 영역을 넓히고 일반화시키는 대단한 시도였습니다. 유대인도 아닌 이방인 룻에 의해서 고엘이 일반화가 된 것입니다.

이 땅에서 천국을 가시적으로 보여 주는 곳이 최소의 공동체인 가정입니다. 고대사회에서 자녀는 미래에 대한 보장이었습니다. 그러나 나오미에게는 미래를 보장해 줄 자녀를 낳을 씨가 없었습니다. 이것을 알고 룻을 위하여 안식할 곳을 찾으라고 한 것은 한마디로 결혼해서 가정을 이루라는 뜻입니다. 참된 안식을 얻기 위해서는 가정이 필요하고, 좋은 가정을 얻기 위해서는 사람을 얻어야 하고, 좋은 사람을 얻기 위해서는 지혜가 필요합니다. 사람은 구속사적인 안목으로 봐야 잘 얻을 수 있습니다. 외모로는 알 수 없습니다.

우리의 본향은 천국입니다. 우리 모두 천국에서 만나야 할 예수님의 자손이어야 합니다. 그러면 그 씨를 남겨 놓고 가야 합니다.

내 자식만이 씨가 아닙니다. 쉽게 말하면, 우리가 모든 것을 다 가졌어도 예수 씨가 없으면 안식이 없다는 겁니다.

교회에 와서도 "합격하게 해 주세요", "사업 잘되게 해 주세요", "건강하게 해 주세요"라는 기도만 하는 분도 있습니다. 그러나 학교에 척 붙고 사업이 잘되고 건강하다고 해도 예수 씨가 없으면 말짱 꽝입니다. 모든 것을 갖추게 해 달라고 기도하면서 정작 예수 씨를 잃어버리는 가정이 얼마나 많은지 모릅니다. 열심히 교회에 다녀도 예수님과 상관없어지는 것입니다.

예수 씨가 없으니 모든 것을 갖추고도 경쟁 사회 속에서 불안과 염려로 살아갑니다. 안식은 오직 예수님으로 말미암아 누릴 수 있는 것인데 다들 헛다리를 붙잡고 있는 것입니다.

주님은 "평안을 너희에게 끼치노니 곧 나의 평안을 너희에게 주노라"(요 14:27a)고 하십니다. 여기서 '나의 평안'이란 예수님의 평안을 말합니다. 예수님이 주시는 평안은 '세상이 주는 것과 같지 않다'고 하십니다. 그러므로 예수 믿는 우리는 세상이 주는 것에서 안식할 수 없습니다.

어거스틴은 "아버지의 나라에 가기까지 우리에게는 참된 안식이 없다"고 했습니다. 이 땅의 모든 것은 참된 안식의 그림자일 뿐입니다. 룻이 참된 안식을 얻기 위해서는 예수님의 조상이 되어야 하고, 예수님의 조상이 되기 위해 나오미는 거룩한 중매쟁이가 되어 구속사로 이끌고 있습니다.

우리는 모두 불신자들을 예수 그리스도께 인도하는 거룩한 중매쟁이입니다. 예수님 없이는 안식이 없습니다. 예수 그리스도의 표상인 보아스와 룻을 중매하는 나오미처럼 수많은 사람을 안식으로 인도하는 사명이 우리에게 있습니다.

나를 위한 안식이 아니라 배우자를 위한 안식, 지체와 동료를 위한 안식을 구합니까? 너를 위한 거라고 하면서 교묘하게 이기심을 채우는 나 때문에 온 집안과 공동체가 긴장 속에 있습니까? 이타적인 마음으로 다른 사람의 안식을 위해 헌신하며 내 옆의 사람들을 그리스도께 인도하는 거룩한 중매쟁이 역할을 하고 있습니까?

안식을 위해 정보가 필요합니다

> 네가 함께하던 하녀들을 둔 보아스는 우리의 친족이 아니냐 보라 그가 오늘 밤에 타작마당에서 보리를 까불리리라 _룻 3:2

거룩한 중매쟁이가 되려면 정보에 빨라야 합니다. 나오미는 보아스가 오늘 밤 타작마당에 있을 거라는 정보를 미리 알고 있었습니다. 룻과 보아스가 우연히 타작마당에서 만난 것이 아니라, 하나님의 간섭하심과 사람의 노력으로 안식을 만들어 냅니다. 나오미는 정보를 얻기 위해서 보아스의 일꾼들과 교제하고 있었을 것입니다. 그냥 앉아서 말만 하는 게 아니라 의지적으로 나가서 정성과 노력으로 정보를 얻었습니다.

이렇게 안식을 위해서는 가만히 있는 것이 아니라 적극적으로 알아보고 연구하며 기도하는 자세가 필요합니다. 나오미가 '나는 시어머니'라며 뒷짐 지고 앉아서 대접만 받으려 하지 않고 사명을 위해서 나섰습니다. 손이 가고 발이 가는 수고를 하며 룻을 위해서 거룩한 중매쟁이가 되기로 결단한 것입니다.

전도할 때도 나오미처럼 미리 나가서 정보를 얻고 물밑 작업을 할 필요가 있습니다. 우연히 간 것처럼 찾아가고 만나고 섬기면서 복음을 전해야 합니다. 한 사람을 그리스도께 중매하기 위해 지극한 정성과 열심과 정보와 지혜가 필요합니다.

"내버려 둬, 자기가 나오고 싶으면 나오겠지, 뭘 그렇게까지 해" 이러시면 안 됩니다. 목자로서, 전도자로서 다른 이들에게 관심이 없고 정보도 없다면 제대로 섬길 수 없습니다.

목자가 되어서 공동체 식구가 실직했는지 취직했는지도 모르고 그 자녀가 어떤지 아무것도 몰랐다가 남에게 듣고 “어, 그래요? 나는 몰랐네” 하면 되겠습니까. 미리미리 정보를 축적하고 있다가 결정적일 때 구원의 카드로 내밀어야 하지 않겠습니까.

예부터 ‘중매를 세 번 성공하면 천국 간다’는 우스갯소리가 있습니다. 결혼을 중매하는 것도 사명감이 없거나 이기적이면 못 합니다. 깍쟁이들은 남의 일에 절대 안 나서는 법입니다. 나오미가 시어머니라고 며느리의 재혼을 방관하거나 대접만 받으려고 하지 않았습니다. 적극적으로 알아보고 연구하고 사명을 위해 나섰습니다.

또 하나 중요한 것은 나오미가 보아스를 선택했다는 사실입니다. ‘기업 무를 자’의 순위로 보면 보아스는 두 번째입니다. 단순히 ‘기업 무를 자’를 찾아 끊어진 가문의 혈통을 이어 가는 것이 문제였다면 우선 첫 번째 순번이 되는 사람을 찾았을 것입니다. 그러나 나오미는 그 대신 보아스를 선택합니다. 보아스가 예수 씨가 있는 사람이기 때문입니다.

결과적으로 보아스가 나오미의 선택을 받았습니다. 상황을 볼 때 보아스가 먼저 청혼을 할 입장은 아니었습니다. 기업을 무를 순위도 첫 번째가 아니었고, 보아스는 나오미 세대로 룻을 아내로 취하기에는 나이가 많았습니다. 인간적인 조건으로는 중매할 만한 상대가 아닐 수도 있지만, 나오미는 예수님의 조상이 될 보아스를 룻에게 중매했습니다. 단순히 그 집안의 대를 잇는 기업 무르기 차원을 넘어서 구속사에 중요한 역할을 한 것입니다.

전도도 하나님이 하셔야 하는 거라고, 자녀를 말씀으로 양육하는 것도 하나님의 때가 돼야 이루어진다고 하며 주저합니까? 나태함으로 방관하면서 그것이 안식이라고 착각하고 있습니까? 복음을 전하고 양육하기 위해서 오늘은 어디에서 말씀을 듣게 할까 부지런히 정보를 알아보고 연구합니까?

안식을 위해 단장이 필요합니다

그런즉 너는 목욕하고 기름을 바르고 의복을 입고 타작마당에 내려가서…… _룻 3:3a

룻이 안식할 곳을 얻기 위해서 단장이 필요합니다. 내용을 빛내 줄 형식이 필요합니다. 룻의 마음속에 있는 복음의 내용은 너무 보석 같은데 겉모습은 초라하고 연약합니다. 그래서 나오미는 룻이 주목을 받았으면 하는 겁니다. 이처럼 때로는 형식이 내용을 빛내 주기도 합니다. 하나님이 중심을 보신다고 형식이 전혀 필요 없는 건 아닙니다. 복음을 위해, 전도를 위해 외모를 가꾸기도 해야 합니다. 하나님은 중심을 보시지만 사람들은 외모를 보니 어쩌겠습니까.

내가 외모를 추하게 하고 다니면서 나는 영적이라고 하는 것은 말이 안 됩니다. 반대로 사람은 외모를 보니까 가꾸어야 한다면서 지나치게 치장하는 것도 영적인 것은 아닙니다. 알맞은 형식과 내용으로 치우침이 없어야 합니다.

여기에는 룻이 영적 과부로서의 모든 삶을 털어 내고 새로운 삶을 시작하는 의미도 담겨 있습니다. 단순히 육적 단장을 넘어 회개로 목욕하고 성령의 기름을 바르고 의의 예복을 입고 나아가라는 것입니다. 그리스도의 신부로서 육적으로도 영적으로도 단장이 필요합니다.

더 나아가 요한계시록 말씀에 그리스도의 신부로서 최고의 단장은 예루살렘 공동체가 하늘에서 내려오는 것(계 21:2)이라고 했습니다. 공동체를 귀히 여기는 것이 그리스도의 신부로 서로를 단장해 주는 것입니다.

안식을 위해 모험이 필요합니다

……그 사람이 먹고 마시기를 다 하기까지는 그에게 보이지 말고

_룻 3:3b

단장을 했지만 보아스가 먹고 마시기를 다 하기까지는 보이지 말라고 합니다. 때가 중요하기 때문에 아주 위험한 일을 하는 것처럼 조심하라고 합니다. 왜냐하면 보아스가 기업 무르기의 1순위가 아니기 때문입니다. 또 룻이 이방 여인이기 때문입니다. 당시 모압의 여인은 유대 사람과 결혼할 수 없었습니다. 이방 출신인 데다 룻이 가난한 과부로 악조건을 가졌기에 보아스와 결혼할 자격이 없습니다. 그런데 보아스가 먼저 눈치채고 거부한다면 모든 것이 물거품이 됩니다. 앞으로 이삭줍기도 못 하고 나오미와 룻의 삶이 훨씬 힘들어질 수 있습니다. 그러니 룻이 단장을 하고 타작마당에 가는 것은 아주 위험한 모험입니다.

하나님의 뜻이 확실하다고 해도 안식을 위해 모험을 감행해야 할 때가 있습니다. 위험하고 힘든 건 싫다고, 내 안전과 이익을 지키겠다고 모험을 거부한다면 생명을 낳을 수 없습니다. 사탄이 훼방하여 "네가 꼭 안 해도 돼"라며 유혹하고 속삭이겠지만, 이 길이

예수를 낳는 길이기에 위험해도 결단을 해야 합니다. 아마도 나오미와 룻의 일생에 가장 큰 결단의 순간이요, 긴장의 순간이었을 것입니다.

큐티선교회(QTM)를 시작할 당시 이사회가 조직되어야 하는데 특히 말씀 운동에 앞장서시는 목사님들을 초교파적으로 모시고 싶었습니다.

나오미와 룻이 기업을 무르기 위해 위험한 모험을 한 것처럼, 제 인생에서 가장 큰 모험은 한국교회를 대표하는 목사님들께 큐티선교회 이사직을 부탁드린 것이 아닐까 싶습니다. 한두 분이야 수락해 주실 수도 있겠지만 목사님들께 전화를 걸고 의논드릴 생각을 하니 '거절당하면 어쩌나' 하는 생각 때문에 잠을 이룰 수가 없었습니다.

그래도 용기를 내어 열두 분의 목사님께 연락을 드렸습니다. 아무것도 아닌, 서리 집사 신분에 더구나 과부인 제가 말입니다. 룻과 똑같지 않습니까?

다행히 한 분도 빠짐없이 모두 승낙해 주셨습니다. 목사님들이 제 부탁을 거절하셨더라면 제가 얼마나 웃음거리가 되었겠습니까? 목사님들끼리 만났을 때 '이상한 젊은 여자가 갑자기 전화해서 이사를 맡아 달라고 하더라'며 이야깃거리가 되었을 것입니다. 그런 생각을 하면 평소 저의 교양으로는 도저히 할 수 없는 일이었습니다.

나오미는 평소 보아스의 모습을 잘 알고 있었습니다. 룻을 대하는 보아스의 태도를 보고 영적 진실함을 느꼈기에 감행할 수 있었던 모험입니다. 아무 때나 아무 사람한테나 막무가내로 모험을 하다가는 무안이나 핍박을 당하기 십상입니다. '내가 하는 일은 주의 일이니까 망하더라도 가야 하는 길이야' 하면서 나의 열심만 가지고 돌진해서는 안 됩니다.

당시 저의 결단은 룻과 나오미의 결단과 같지 않았을까 합니다. 지금 생각해도 보통 일이 아닌데, 목사님들이 저의 제안을 다 거절하셨다면 어떻게 되었을까요? 어쩌면 열두 분이 모두 수락해 주실 수 있었을까요?

이런 저의 모험이 있었기에 예수 씨가 모여 예수를 낳는 우리들교회가 되었습니다. 예수를 낳는 길, 영적 기업을 무르는 길이기에 교양으로는 안 되며 믿음으로 결단해야 하는 길이었습니다.

안식을 위해 수치를 각오해야 합니다

그가 누울 때에 너는 그가 눕는 곳을 알았다가 들어가서 그의 발치 이

불을 들고 거기 누우라 그가 네 할 일을 네게 알게 하리라 하니 _룻 3:4

우리는 부끄러워서 발치 이불을 들고 누울 수가 없습니다. 룻이 현숙한 여인으로 소문 났는데 이렇게 음란해 보이는 일을 할 수 있겠습니까? 낮에 찾아가서 만날 수도 있고 집안의 어른들을 찾아가 결혼 문제를 의논할 수도 있었을 텐데, 나오미는 왜 이렇게 오해 받을 수도 있는 선택을 했을까요?

현실적으로 룻과 보아스의 결혼에 걸림돌이 너무 많기 때문입니다. 룻이 모압 여인에 과부여서, 은혜가 아니면 결혼할 수가 없는 겁니다. 모압 여자면 어떠냐면서 따질 일이 아니라, 사람들에게 고정관념이 있다는 것도 인정하고 수치당할 각오도 해야 합니다. 룻이 결혼할 자격이 안 된다는 것, 그것을 먼저 인정하고 거기에서 할 수 있는 일들을 가르쳐 주는 것입니다.

저는 여자 목사입니다. 그런데 시대가 변해도 여전히 여자 목사는 교계에서 환영 받지 못합니다. 이미 그것을 알고 걸어왔지만, 때로는 '여자라는 게 무슨 문제인가?'라는 생각이 들기도 합니다.

이런 문화가 언제 바뀔는지 알 수 없지만, 이것도 어쩔 수 없는 우리나라 문화임을 항상 인정하고 가야 합니다. 교회가 부흥하고 열심히 사역한다고 해서 제가 여자가 아닌 것은 아니기 때문입니다. 나오미는 룻이 모압 여자라는 것을 인정했습니다. 거기서부터 출발하여 룻에게 길을 가르쳐 줍니다. 무턱대고 진행하다가는 일을 그르칠 수 있기에 인정할 것은 겸손히 인정했습니다.

그런데 대부분 이런 조심성이 없습니다. 내가 하고 싶은 말을 다 해서 결국 일을 망칩니다. 그러니 안식도 없을뿐더러 사람들을 그리스도께 중매하지도 못합니다.

성경의 이런 과정들을 놓치지 않고 주의 깊게 보는 것이 깊은 묵상입니다. 내 곁의 사람들을 그리스도의 신부로 중매하기 위해서는 정보가 필요하고 영적으로 단장해야 하며 모험도 필요하고 때로는 밀당도 해야 합니다.

성경을 보면 결혼은 왜 못 하겠습니까? 직장생활은 왜 못 하겠습니까? 말씀 안에 이토록 지혜가 반짝거리는데 말입니다. 지혜는 자기 자신을 아는 것입니다. 자기 주제를 아는 것입니다. 내가 모압 여자인 것을 인정하며 나아가는 것입니다. '내가 아무리 모압 여자라도 공부 잘하고 빠지는 게 없는데 뭐가 문제냐?'고 해서는 안 됩니다.

어느 집사님은 얼마나 자존심이 센지 남에게 잘못했다는 소리를 절대 안 하고 살았다고 합니다. 그런 말을 하는 것이 수치스럽게 느껴졌다고 합니다. 그런데 말씀을 들으면서 자기 죄를 회개하고 진심으로 잘못했다는 생각이 들었습니다. 그래서 평생 처음으로 남편에게 '내가 잘못했다'고 고백을 했습니다. 그리고 그 말 때문에 남편이 감격해서 교회에 나왔습니다.

발치 이불을 드는 것도 구원 때문에 하는 것이고, 잘못했다는 말도 구원 때문에 하는 것입니다. 그것이 수치스럽고 두렵고 힘들어도 구원을 위해 수치를 각오해야 합니다. 이것이 안식의 큰 덕목입니다.

그러나 아무리 말씀을 들어도 늘 옳고 그름으로만 성경을 이해하기에 시어머니인 나오미가 며느리 룻에게 보아스의 발치 이불을 들고 누우라고 하는 것이 음란하게만 들립니다.

룻이 '결혼을 못 하면 못 했지 내가 이런 명령은 들을 수 없다'고 손사래를 쳤다면, 굉장히 의롭고 현숙해 보였을지 몰라도 오늘날 예수님이 오실 수 없었습니다.

예수 씨가 없는 세상은 0이기에 억을 곱해도 0이지만, 예수 씨는 0.0000001만 있어도 거기서부터 씨가 살아납니다. 예수 씨가 중요한데 맨날 옳고 그름만 따지기에 한 번 나쁜 놈은 영원히 나쁜 놈이고, 내 고향 사람은 언제나 좋은 사람이고 저 고향 사람은 언제나 나쁜 사람입니다.

우리들교회의 한 성도분은 오랫동안 제 설교를 듣고 말씀묵상을 했는데도, 아이가 대학에 떨어지고 나니 사람들이 왜 제 말씀을 힘들어하는지, 왜 저를 미워하는지 알겠다고 하십니다. 말씀대로 적용하는 것이 얼마나 힘든지 이제야 알았다고 하십니다. 내 자녀가 대학에 떨어지고 나니까 지금껏 들은 말씀이 어디로 갔는지 모르겠다며, 그나마 들은 말씀이 있어서 살아간다고 하십니다. 설교를 들을 때마다 은혜 받았다고 눈물을 줄줄 흘렸는데 이제야 믿음의 현주소를 깨닫게 되셨답니다. 그래서 수치를 당하는 게 얼마나 축복인지 모릅니다.

예수 그리스도를 전하기 위해 나에게 필요한 단장은 무엇입니까? 전도할 때 복음이 훼방 받지 않도록 깔끔한 외모와 지혜로운 언어로 단장합니까? 구원을 위해서 내가 나서야 할 모험이 무엇입니까? 수치를 각오하고 찾아가야 할 사람은 누구입니까?

안식을 위해 순종이 필요합니다

5 룻이 시어머니에게 이르되 어머니의 말씀대로 내가 다 행하리이다
하니라 6 그가 타작마당으로 내려가서 시어머니의 명령대로 다 하니
라 _룻 3:5~6

룻에게는 발치 이불을 들라는 나오미의 권면이 충격적일 수 있습니다. 그러나 룻은 너무나 간단하게 '어머니의 말씀대로 내가 다 행하겠다'고 합니다. 여기에서 '말씀'은 '명령'과 동일한 뜻을 가지고 있습니다. 나와 다른 문화 속으로 들어간다는 것이 쉬운 일이 아닌데, 룻은 시어머니의 명령에 한마디도 자기 의견을 제시하지 않고 '예' 하고 순종합니다. 나오미도 확신이 있었기에 모든 일을 시켰을 것입니다. 룻도 나오미가 자신을 사랑해서 시키는 일이라고 신뢰했기에 그대로 따랐을 것입니다. 어머니의 사랑을 알고 어머니의 말씀이 곧 하나님의 말씀이라고 생각했기 때문에 명령대로 다 할 수 있었습니다.

남편에게 돈이 있고 학벌이 있어서 그를 신뢰할 수 있는 게 아닙니다. 남편이 나를 사랑할 때, 아내가 나를 진심으로 사랑한다고 느낄 때 신뢰가 생깁니다. 서로가 이타적인 사랑을 할 때 상대방을 믿고 그 말에 '예' 할 수 있습니다. 나오미가 모든 것을 다 알고 길을 제시해 줘도 순종해야 할 사람은 룻입니다. 아무리 좋은 것을 가르쳐 줘도 순종하지 않으면 그리스도의 신부가 될 수 없습니다. 우리가 안식에 들어가려면 거룩한 중매쟁이가 되어야 하고 단장하고 모험도 해야 하는데, 그중에 한 가지라도 순종해 보는 것이 적용입니다.

어떤 집사님이 아내를 어떻게 배려할 수 있을까 생각하다가 일주일 동안 아내의 말에 무조건 '예' 하기로 마음먹었답니다. 이를테면 이런 식입니다. 지난 주 금요일에 장모님과 처남이 집에 다녀갔는데 이번 주 월요일에 아내가 처가에 가자고 했습니다. 처가는 1시간 거리이고 본가는 5분 거리인데 본가는 한 달에 한 번도 안 가면서 말입니다. 그래도 무조건 '예' 하기로 마음을 먹었기에 'yes' 했습니다.

저녁이 되니 아내가 처가에서 자고 가자고 했습니다. 해야 할 일도 많고 자고 올 생각은 안 했기 때문에 아무런 준비도 못 한 상태라 짜증이 났지만 그래도 'yes' 했습니다. 다음 날 아이를 유치원에 보내려면 일찍 와야 하는데 아침부터 아내가 피자를 먹자고 했습니다. 그래도 또 'yes' 했습니다. 게다가 배달하지 말고 직접 가서 받아 오면 가격이 더 싸다며 날씨도 추운데 직접 사 오라고 했습니다. 그래서 또 'yes' 했습니다. 결정적으로 집으로 돌아오는 길에 아내가 차를 사야겠다고 했습니다. 현재 수입이 좋은 것도 아닌데 말입니다. 그래서 입으로는 일단 'yes' 해 놓고 '어떻게 해야 하나, 목돈이 없으니 할부로 사야겠구나' 생각했습니다. 그런데 아내에게서 문자가 왔다고 합니다. "고마워요."

저는 이것이 아주 구체적인 적용이라고 생각합니다. 큰 것이 아니지만 또한 굉장히 큰 적용이기도 합니다. 모든 남편이 이렇게 아내가 무슨 말을 해도 'yes' 할 때 영성이 하늘을 찌르게 될 줄 믿습니다. 안식이 저절로 올 것입니다.

작은 것부터 순종해야 합니다. 여러분도 한 가지씩 순종해 보십시오. 그러면 말씀이 열릴 것입니다. 내가 순종하는 만큼 말씀이 열립니다.

거룩한 중매쟁이가 되어 사람들을 그리스도께로 인도할 때 가장 중요한 결론은 순종입니다. 룻의 아름다운 순종이 참된 안식을 가져옵니다.

'먼저 잘못을 인정해라', '이혼하면 안 된다' 등의 권면을 받을 때 속이 부글부글 끓고 화가 납니까? 정작 순종해야 할 사람은 상대방인데 왜 나에게 힘든 일을 시키느냐고 치받습니까? 그것이 사랑의 권면이고 나를 살리는 길임을 알기에 무조건 순종합니까?

말씀으로 기도하기

환경이 좋아서 안식이 오는 것이 아닙니다. 안식을 얻기 위해 내가 이루어야 할 사명이 있고 순종해야 할 일이 있습니다.

안식을 위해 거룩한 중매쟁이가 필요합니다. (룻 3:1~2)

나오미가 룻을 예수 그리스도의 계보로 이끄는 거룩한 중매쟁이 역할을 하고 있습니다. 이타적인 마음으로 다른 이들에게 관심을 가지며 그들을 그리스도께 인도하는 거룩한 중매쟁이의 사명을 감당하기 원합니다.

안식을 위해 정보가 필요합니다. (룻 3:2)

타작마당에서 우연히 보아스와 룻의 만남이 이루어진 것이 아니고 하나님의 간섭과 나오미의 노력이 있었습니다. 적극적인 수고로 전도할 기회를 살피며 다른 사람을 안식으로 인도하기를 기도합니다.

안식을 위해 단장이 필요합니다. (룻 3:3a)

룻에게 있는 복음의 내용이 보석 같아도 겉모습이 형편없으므로 단장을 권합니다. 복음을 전할 때 겸손함과 부지런함으로 외적인 단장을 갖추게 하옵소서.

안식을 위해 모험이 필요합니다. (룻 3:3b)

내가 힘들다고 싫다고 안 해도 되는 것이 아니라, 예수 생명을 전하기 위해 모험을 결단하고 나서기 원합니다.

안식을 위해 수치를 각오해야 합니다. (룻 3:4)

룻이 모압 여인이고 결혼할 자격이 안 되기에 발치 이불을 들고 누워 수치당할 각오도 해야 합니다. 내 이익을 위해서가 아니라 구원을 위해 수치를 각오할 때, 하나님께서 나의 수치를 영광으로 바꿔 주실 것을 믿습니다.

안식을 위해 순종해야 합니다. (룻 3:5~6)

룻이 나오미의 모든 권면에 한마디 변명도 없이 순종합니다. 순종이 안식의 비결임을 알고 오늘 주신 말씀에 순종함으로 안식을 누리게 하옵소서.

우리들 묵상과 적용

저희 아버지는 사업 실패가 반복되자 교회를 떠나셨고, 곤고했던 어머니는 신앙 서적을 읽으며 교회를 열심히 다니셨습니다. 당시 고등학교 3학년이었던 저는 어머니를 따라서 교회는 나왔지만, 예배 시간 내내 졸았습니다. 가짜 안식을 좇아 모압으로 갔던 나오미처럼(룻 1:1) 어머니의 열심으로 저는 사립초등학교에 입학했지만, 가정 형편이 어려워 늘 열등감에 시달렸고, 속으로 가족을 미워하고 무시했습니다. 그 후 명문고, 명문대를 가서 고액과외로 돈을 버니 제 교만은 하늘을 찔렀습니다. 겉모습은 모든 것을 갖춘 듯했으나 우울함과 허무함, 외로움이 밀려와 밤마다 울며 하나님께 빨리 데려가 달라고 기도했습니다.

그런데 교회에 붙어만 있었더니 말씀이 점점 이슬비처럼 제 마음을 적셨고, 청년부 수련회에서 처음으로 가족이 나를 위해 수고했다는 생각이 들었습니다. 그동안 가족을 무시하며 긴장하게 만든 제가 피해자가 아닌 가해자라는 것이 깨달아져서 처음으로 깊은 회개를 하게 되었습니다.

그리고 믿음의 공동체의 도움으로 저희 어머니는 정신적·물질적으로 의지하던 외할아버지를 떠나는 결단을 하셨습니다. 저는 초라한 집으로 이사 가는 게 싫었지만, 나오미를 따라 본향을 떠난 룻처럼(룻 1:16) 모험하는 마음으로 어머니와 함께 광야 같은 반지하로 이사 갔습니다. 그리고 그 집에서 많은 회복의 역사가 일어났습니다. 저는 불신교제를 끊고 청년부 소그룹 리더가 되었고, 아버지와 외가 친척들이 다 교회에 나오셨습니다. 부유할 땐 없던 감사가 생겼고, 하나님이 함께하신다는 확신이 생겨 큰 안식을 누리게 되었습니다(룻 3:1). 청년의 때를 유학 대신 교회에서 보낸 것이 가장 큰 축복이었습니다. 흉년의 때에 추수할 것을 주시는 하나님께서 저에게 물질도 허락하시고, 우울과 무기력에서 회복시켜 주셨습니다.

지금의 남편이 된 형제도 청년부 수련회를 섬기면서 만나게 되었습니다. 형제는 어디에서도 말할 수 없었던 부모님의 이혼과 재혼, 사업 실패 등 수치스러운 사건들을 처음부터 저에게 고백했기에, 이후의 만남에서 함께 안식을 누릴 수 있었습니다. 그리고 서로 사건이 올 때마다 구원을 위해 기도하는 깊은 사이가 되어, 돈도 빽도 없이 은혜로운 결혼 예배를 드리게 되었습니다. 이제는 저희 부부가 공동체에서 받은 큰 사랑을 기억하고 다른 사람들을 안식으로 인도하는 중매쟁이의 사명을 잘 감당하기를 소망합니다. 우울과 허무로 죽음만을 생각한 저에게 안식을 누리며 살게 해 주신 하나님, 사랑합니다.

기도

아버지 하나님, 영성이란 다른 사람을 생각하는 것이고 이타적인 것이라고 하십니다. 입으로 복음을 전하고 사명을 감당한다고 해도 제가 이기적이었기에 안식이 없었음을 고백합니다. 저에게 이타적인 마음을 주셔서 다른 사람을 안식으로 인도하고 저도 안식을 누리게 하옵소서. 그리스도께 인도하는 거룩한 중매쟁이가 되기 위해 부지런히 전도를 위한 정보를 모으고 연구하며 손과 발로 수고하기 원합니다. 말씀과 기도와 성실함으로 저를 단장하며 내적인 것뿐 아니라 외적으로도 스스로를 가꾸고 믿음의 본을 보이게 하옵소서.

편한 것만 찾는 것이 안식이 아니고 구원을 위해 모험을 결단하고 수치를 각오하고 가야 한다는 것을 알았습니다. 오늘도 제가 순종하지 못해서, 순종하기 싫어서 속이 부글부글 끓고 안식을 누릴 수가 없습니다. 아직도 제가 편하고자 하는 이기심과 욕심을 용서해 주시옵소서. 하나님을 신뢰하기에 거룩한 공동체인 교회의 사랑을 신뢰하고 사소한 것부터 순종하며 따르게 하옵소서. 구원을 위해 어떤 것도 변명하지 않고 즉시 순종할 때, 잃었던 안식을 되찾게 하시고 부족한 안식을 채워 주실 줄 믿습니다. 저와 우리 가정을 참된 안식으로 인도하여 주시옵소서. 예수님의 이름으로 기도합니다. 아멘.

Part 3

책임·성취·기업·찬송

The best choice of my life

“

영적 자녀를 위해서 살라는 것이 성경의 주제이고 룻기의 주제입니다.

나의 계보가 수치스러울지라도 예수님 때문에 즐거워하고

하나님 자체가 상급이라는 것이

예수 그리스도 계보의 진정한 의미입니다.

우리 모두가 이 이야기의 주인공입니다.

고난 중에도 예수 그리스도를 믿음으로 찬송이 끊어지지 않는 내가

위대한 계보의 주인공입니다.

”

하나님 아버지,

책임 있는 사랑을 하기 위해

포기와 절제, 지혜와 용기를 허락하여 주옵소서.

chapter 7

구원을 위한 책임

룻기 3:6~13

교사로 일하고 있는 어떤 집사님이 평소 사람들을 차별하지 않는지 생각해 보라는 권면을 들었다고 합니다. 그분은 자신이 재산도 건강도 없고 열등감도 큰데 무슨 차별을 하겠느냐고 반문했지만, 곰곰이 생각해 보니 학교에서는 공부 못하는 아이와 실력 없는 사람들을 차별했으며, 교회에서도 대단한 분들과 교제하려 했다고 고백했습니다.

교사는 학생들을, 사장은 사원들을, 부모는 자녀들을, 목사는 성도들을 차별 없이 책임져야 하는데 그러기가 참 어렵습니다. 보호자이자 책임자로서 책임지는 사랑을 해야 하는데 그런 사랑을 어떻게 할 수 있겠습니까?

나에게 맡기신 이들을 차별 없이 책임지기 위해서는 몇 가지 단계가 필요합니다.

책임은 지혜가 필요합니다

6 그가 타작마당으로 내려가서 시어머니의 명령대로 다 하니라……
10 ……네가 베푼 인애가 처음보다 나중이 더하도다 _ 룻 3:6, 10b

인애, 즉 '헤세드'는 언약에 근거한 자비를 뜻합니다. 하나님과 우리의 언약에 근거하여 자비를 베풀고, 긍휼과 사랑을 베푼다는 뜻입니다. 인간의 헤세드는 서로 상대적일 수밖에 없지만, 하나님의 헤세드는 영원합니다. 하나님은 우리를 사랑하셔서 말씀으로 세계를 지으시고, 손으로 우리를 빚으셨습니다. 하나님이 말씀으로 창조하셨기 때문에, 말씀으로 약속하신 모든 것들을 세상 끝날까지 다 이루시겠다는 뜻입니다. 그러니까 헤세드는 하나님의 말씀 그 자체입니다. 그 안에 사랑이 있고, 자비가 있고, 인애가 있고, 긍휼이 있고, 공의가 있는 것입니다.

무한하신 하나님은 인간과 언약에 근거한 자비를 베푸셨습니다. 갈대아 우르에 있던 아브라함을 택하시고 애굽에서 종 되었던 이스라엘을 구원하셨습니다. 하나님은 헤세드의 언약을 너무도 신실하게 지켜 오셨습니다. 언약은 곧 하나님의 말씀입니다. 하나님의 헤세드 언약에 근거한 자비를 모르면, 즉 말씀을 모르면 누군가를 책임질 수 없습니다.

그런데 룻이 이런 인애로 책임지는 사랑을 베풀었다고 합니다. 게다가 그녀의 인애가 처음보다 나중이 더 하다고 했습니다. 헤세드의 지혜를 가지고 책임을 다했다는 것입니다.

또한 시어머니의 제안을 하나님의 명으로 받았습니다. 왜냐하면 어머니의 하나님을 룻 자신의 하나님으로 믿었기 때문입니다. 어머니의 명령을 상황마다 하나님의 명령으로 듣는 습관이 되어 있었던 것입니다. 보아스에게 가서 발치 이불을 들라는 어머니의 명령이 이상한 것 같아도 룻은 즉시 순종했습니다. 자신의 인간적인 생각을 내려놓았습니다. '책임 완수'라는 것은 하나님의 명령이 사람의 명령을 통해 나타날 때 예민하게 듣는 것에서 시작되고 거기에 순종함으로 완성됩니다. '자기 열심'으로 생각하지 않고 '하나님의 명을 듣는 것', 여기에서 지혜가 나옵니다.

> 보아스가 먹고 마시고 마음이 즐거워 가서 곡식 단 더미의 끝에 눕는지라 룻이 가만히 가서 그의 발치 이불을 들고 거기 누웠더라 _ 룻 3:7

룻은 보아스가 '누웠을 때'를 맞추어서 갔습니다. 준비된 자는 매사에 타이밍을 잘 맞출 수 있습니다. 때를 맞추는 게 얼마나 큰 지혜인지 모릅니다. 보아스는 추수가 끝난 후에 먹고 마시고 즐거워하다가 지금 잠자리로 가고 있습니다.

보아스가 가서 잠을 자고 있는데, 잠이 든 후에 룻이 다가갑니다. 그런데 '가만히' 갔다고 했습니다. 가만히, 조심해서 비밀스럽게 가는 것도 지혜입니다. 남편이 오늘 밖에서 언짢은 일이 있어 분위기가 안 좋은데 "여보, 내일 부흥회 있는 거 알지?" 하면 안 됩니다. 때를 잘 맞추는 영적인 센스가 필요합니다. 때에 맞는 대화는 인간적인 지혜로 하는 것이 아니라, 하나님이 주신 헤세드의 지혜가 있어야 가능합니다.

나에게 아무 자격이 없음에도 언약 안에 있는 자비, 헤세드의 은혜로 나를 구원하신 것을 믿습니까? 헤세드의 사랑을 신뢰하기에 말씀의 명령에 순종하며 때마다 말씀의 지혜를 구하고 있습니까?

책임은 용기가 필요합니다

보아스가 먹고 마시고 마음이 즐거워 가서 곡식 단 더미의 끝에 눕는지라 룻이 가만히 가서 그의 발치 이불을 들고 거기 누웠더라 _ 룻 3:7

보아스가 추수 끝나고 즐거워서 곡식 단 더미 끝에 가서 누웠습니다. 일꾼들과는 떨어져 있던 장소로 보이는데, 영어 성경에는 그 곡식 단 더미에 정관사(The)가 붙은 것으로 봐서 당시 사람들은 다 아는 어떤 특별한 장소였던 것 같습니다. 이것도 하나님의 세팅입니다. 그런데 보아스가 왜 집에 안 가고 곡식 단 더미에 가서 누웠을까요? 집에 가야 아내도 없고 쓸쓸했을 것입니다. 마음이 즐거워도 곡식더미 끝에 가서 누운 보아스가 얼마나 처량하고 외로워 보입니까.

보아스가 너무 괜찮은 믿음의 사람이었는데 왜 결혼을 못 했을까요? 유대 여자 중에서 믿음 좋은 사람이 하나도 없었기 때문입니다. 당시 유대인들은 여리고 기생 라합의 아들이라는 보아스의 출신을 꺼렸을 것입니다. 그래서 누구도 보아스에게 딸을 주려고 하지 않았을 것입니다.

보아스에게는 늘 어머니의 출신이 붙어 다녔습니다. 사람들의 고정관념이 얼마나 강한지 모릅니다. 누구나 고정관념이 있습니다. 이런 고정관념이 문화를 형성하기도 합니다. 이것은 바뀌기도 어렵습니다. 각자가 고정관념의 세상에서 살아간다고 해도 과언이 아닙니다. 이런 세상을 통과하려면 '헤세드'의 용기가 필요합니다.

자신의 출신이나 수치스러운 고난을 밝히기 싫어서 전도를 못

하는 분들도 많습니다. 전도하려면 자기 간증도 해야 하는데 가까운 친구나 동료에게 그런 이야기를 밝히기가 싫은 겁니다. 어떤 분은 사업을 하다 망해서 강남의 유명한 교회에는 못 가겠고, 망하고 힘든 사람이 많은 우리들교회에 왔다고 합니다. 교회 안에도 이렇게 깨어지기 힘든 고정관념들이 있습니다.

헤세드의 용기가 아니면 이런 고정관념을 깰 수 없습니다. 우리들교회의 성도들은 용기 있게 힘든 얘기, 아픈 얘기를 오픈합니다. "힘든 사람 오세요"라고 용기 있게 얘기합니다. 교회가 '힘든 사람 오면 안 된다'고 하면 안 됩니다. 힘든 사람 오는 곳이 진짜 교회입니다. 힘든 사람이 와서 치유를 받는 곳이 교회인데, 교회 가는 것을 사교 클럽에 교제하러 가는 것처럼 생각하는 사람들이 많습니다.

구원을 위한 책임을 감당하려면 수치를 각오하고 발치 이불을 들고 들어가야 합니다. 어려워도 말씀의 명령대로 적용하려고 할 때, 하나님이 헤세드의 용기를 주십니다. 룻과 같은 용기가 생깁니다.

책임을 잘 감당하는 사람은 명령대로 행하는 사람입니다. 책임을 감당하려면 명령을 잘 들어야 하는데, 명령을 잘 들으려면 말씀을 읽어야 합니다. 또 깊이 묵상해야 합니다. 이런 사람이 가장 똑똑하고, 책임을 잘 감당하는 사람입니다.

나오미는 남편인 엘리멜렉 가문에 대한 책임이 있고, 룻은 시어머니에 대한 책임이 있습니다. 그 책임을 감당하기 위해 발치 이불을 들고 들어가야 했습니다. 그러니 얼마나 고민이 많았겠습니까. 보아스가 룻을 알아보지 못한 채 동침만 할 수도 있습니다. 룻을 알아보더라도 "어디 감히 모압 여자가……" 하면서 수치스럽게 내보낼 수도 있습니다.

믿음만 있으면 앞길이 환하게 알아진다면 얼마나 좋겠습니까만, 믿음으로 행할 때도 순간순간 앞날을 모를 때가 많습니다. 그렇기 때문에 동으로 갈까 서로 갈까, 이 직장을 갈까 저 직장을 갈까를 알기 위해 어디 가서 기도 받고 물어보는 분들도 있습니다. 이것은 점쟁이에게 가는 것과 다름없습니다. 성경에 그런 건 없습니다.

우리는 내일 일을 알 수 없습니다. 한 치 앞도 알 수 없지만 나오미로서는 그것이 최선의 방법이라 생각하고 하나님께 맡기고 룻을 밤중에 보냈습니다. 룻도 나오미도 장차 일을 몰랐지만 치열하게 그 문제를 놓고 묵상하고, 고민하고, 기도하는 것입니다. '예수님이라면 어떻게 했을까?'를 끊임없이 생각하는 이런 고민은 나쁜 것이 아닙니다.

생각해 보면 제가 날마다 말씀묵상을 하면서 적용해 온 것들은 남들이 보면 발치 이불을 드는 것처럼 황당한 것일 때가 많았습니다. 하지만 항상 주님 때문에 순종했습니다. 늘 고민도 되고 걱정도 됐지만 주님 때문에 구별되게 살고자 했습니다.

그렇게 치열하게 고민하고 하나님 뜻대로 결정한 후에는 어떤 결과이든지 전혀 놀라지 않는 것을 경험했습니다. 날마다 말씀을 들으며 걸어가다 보니까 자녀들이 학교에 떨어져도 안 놀라고, 남편이 하루아침에 천국에 가도 놀라지 않았습니다.

하나님의 뜻대로 하는 근심은 유익하다고 했습니다(고후 7:10). 하나님은 우리의 근심을 통해서도 역사하실 때가 많습니다. 근심 속에서도 날마다 치열하게 고민하고 묵상하고, 밤이 새도록 기도할 때, 결과에 대해서는 하나님만을 신뢰하는 마음이 생깁니다. 이것이 헤세드의 용기입니다.

헤세드의 자비와 사랑을 경험한 자로서 내가 버려야 할 고정관념은 무엇입니까? 뻔뻔스러움이 아닌 당당함으로, 구원을 위한 용기로 나의 죄와 고난을 간증합니까?

책임의 목적은 기업 무르기입니다

8 밤중에 그가 놀라 몸을 돌이켜 본즉 한 여인이 자기 발치에 누워 있
는지라 9 이르되 네가 누구냐 하니 대답하되 나는 당신의 여종 룻이오
니 당신의 옷자락을 펴 당신의 여종을 덮으소서 이는 당신이 기업을
무를 자가 됨이니이다 하니 _룻 3:8~9

보아스는 유대 땅에서 존경 받는 사람이었습니다. 그런 그가 밤중에 젊은 여인이 자기 발치에 누워 있는 것을 보았습니다. 놀라서 누구냐고 물었을 때 룻은 '여종 룻'이라고 대답합니다. 원어를 살펴보면 단순한 '종'이라는 의미 외에 '당신의 부인이 될 자격이 있는 종'이라는 뜻이 남겨 있습니다. 그리고 옷자락으로 덮어 달라는 말은 청혼을 한 것입니다. 옷자락과 날개는 어원이 같은데, 주님의 날개로 덮는 것처럼 '기업을 무를 자'가 되어 달라는 말이었습니다.

이불 속에서 만나는 관계는 벌거벗고 만나는 관계입니다. 인격과 지식으로는 상대방을 감동시키지 못합니다. 인격의 어원이 '페르소나'인데 '가면'이라는 뜻이 있습니다.

부부간에는 서로 벌거벗고 만나야 합니다. 침방에 들면서 군화 신고 투구를 쓰는 부부는 없습니다. 부부는 벗으면 벗을수록 친

밀한 관계입니다. 무장 해제하고 마주해야 편합니다. 다 벗고 만나도 수치스럽지 않습니다. 만날 옷 입고 만나는 부부야말로 이상한 부부입니다. 아직도 내외하며 "아유, 왜 이렇게 벗고 난리예요?" 이러면 그 부부는 병원 가서 상담 좀 받아 보셔야 합니다.

정말 가까운 관계는 인격을 벗고, 벌거벗고, 민얼굴로 만납니다. 편한 사람을 만나면 치장하지 않아도 됩니다. 화장을 안 해도 부끄럽지 않습니다. 발치 이불을 들고 들어가도 서로 부끄러움이 없이 나눌 수 있는 사랑이 책임지는 사랑입니다. 이것이 안식입니다.

2장 12절에서는 보아스가 룻에게 "이스라엘의 하나님 여호와께서 그의 날개 아래에 보호를 받으러 온 네게 온전한 상 주시기를 원하노라"라고 축복해 주었는데, 보아스가 빌어 준 축복의 말을 좀 이루어 달라고 지금 룻이 요구하고 있습니다. 보아스가 했던 말로 청혼을 한 것입니다. 때마다 지혜가 반짝이는 룻입니다.

룻은 보아스가 자기와 결혼해야 하는 이유를 고엘, 즉 기업 무르기라고 이야기했습니다. '고엘'은 룻기의 주제인데, 책임의 목적은 기업 무르기입니다. 기업 무르기는 전도입니다. 나 혼자 잘 먹고 잘살려고 책임을 지는 것이 아닙니다. 룻이 육적으로도 시어머니를 부양해야 하기 때문에, 이타적인 목적으로 결혼을 하자고 한 것입니다.

사람이 이타적인 마음을 가지면 이런 용기가 생깁니다. 그러나 이기적인 마음을 품으면 당당하게 말을 하지 못합니다. 기업 무르기의 목적이 있을 때 사람은 용기가 생기고, 적극적으로 행동할 수 있습니다. 전도가 목적일 때는 용기가 생깁니다. 구원이 목적일 때 최고의 책임감을 발휘하게 됩니다.

우리의 자녀들도 주님을 만나면 저절로 책임감이 생길 것입니다. 어떤 부모도 해 주지 못하는 일을 '헤세드'의 하나님이 해 주십니다. 앉으나 서나 자녀의 구원을 위해서 기도하며 눈물 흘려야 하는 가장 귀한 이유가 여기에 있습니다. 아이들이 변하려면 주님을 만나야 합니다. 헤세드의 하나님을 만나야 합니다.

돈이 자녀를 키워 주지 않습니다. 앞에서도 이야기했듯 저희 어머니는 단 한 번도 '공부 잘해서 시집 잘 가라'는 말씀을 하신 적이 없습니다. 아들을 낳지 못해 겪은 수모와 고난을 통해 주님을 뜨겁게 만나게 된 어머니는 평생 교회를 섬기며 생색 한 번 내지 않으셨습니다. 매일 새벽 몸빼 차림으로 기도하시면서 아무도 알아주지 않는 화장실 청소를 도맡아 하는 것은 물론 남의 집 빨래까지 도와가며 전도에 힘쓰셨습니다. 그러면서 기도만 하면 어찌 그렇게 눈물을 흘리시던지…… 저는 그런 어머니가 너무 싫었습니다. 그런데 돌아가시고 나니 그것밖에 기억이 안 납니다.

친정은 4대째 신앙을 이어 온 집안이지만 특출한 인물은 없습니다. 제일 유명한 사람을 꼽으라면 저라고나 할까요? 그래서 어떤 문제가 생기면 찾아가서 물어볼 만한 특별한 인맥도 없습니다. 정말 제가 멜기세덱처럼 하늘에서 뚝 떨어졌습니다.

그러나 어머니가 이타적으로 살면서 늘 기도하셨던 것이 쌓여서 오늘날 제가 이렇게 목회를 하는 것이 아닌가 합니다. 자녀를 위해서 해 준 것은 없지만 늘 기도하고 다른 사람을 위해서 살다 보니까 어머니가 돌아가시고 오랜 세월이 흘렀어도 이렇게 자녀인 제가 쓰임 받는 줄 믿습니다.

자녀의 구원을 위해서 눈물 흘리며 기도해 주는 것보다 더 귀한 것은 이 세상에 없는 줄 믿습니다. 제 어머니가 만날 죄인처럼 남에게 숙이고 궂은일만 도맡아 하셨어도 하나님은 엄마의 눈물을 보셨고 제 눈물을 보십니다. 책임의 목적은 기업 무르기인데 룻과 나오미의 책임지는 인생을 통해 전 세계가 은혜 받고 유익을 누리듯이, 저에게도 사람을 살리고 한국교회를 살릴 책임이 있다고 하십니다. 연약한 두 과부가 구원을 위해 책임지는 인생을 살았듯이 우리도 연약하지만 구원을 위해 책임지는 인생을 살아야 합니다.

그가 이르되 내 딸아 여호와께서 네게 복 주시기를 원하노라 네가 가난하건 부하건 젊은 자를 따르지 아니하였으니 네가 베푼 인애가 처음보다 나중이 더하도다 _ 룻 3:10

보아스가 룻을 축복하고 칭찬합니다. "네가 처음에는 시어머니를 모시느라고 인애를 베풀었고 이제는 시어머니 집안을 지키고자 나와 결혼하려는 인애를 베푸니, 네 인애가 처음보다 나중이 더하다"고 합니다.

룻이 무조건 순종해서 칭찬을 받은 것이 아닙니다. 순종 자체가 우상이 되면 안 됩니다. 인애가 처음보다 나중이 더하여야 하는데 남편에게, 부모에게 순종한다고 하면서 전도도 안 하고 교회도 안 온다면 그게 책임지는 사랑입니까? 우리의 목적은 순종 자체에 있는 것이 아니라 기업 무르기에 있습니다. 룻의 효도와 순종, 룻이 베푼 인애가 너무 훌륭하지만 그것이 구원을 위한 일이었기에 축복과 칭찬을 받았습니다. 구원 때문에 한 일이기에 오해 받지 않고 수치를 받지 않았습니다.

날마다 말씀을 묵상하고 적용하고 순종하는 목적이 무엇입니까? 나 혼자 거룩해지고 경건해지겠다고 도 닦듯이 살고 있습니까? 나의 순종과 적용이 구원의 기업 무르기로 이어지고 있습니까? 내게 맡기신 기업 무르기의 책임을 다하기 위해 오늘 순종해서 만나야 할 사람, 가야 할 장소는 어디입니까?

책임은 포기가 필요합니다

12 참으로 나는 기업을 무를 자이나 기업 무를 자로서 나보다 더 가까
운 사람이 있으니 13 이 밤에 여기서 머무르라 아침에 그가 기업 무를
자의 책임을 네게 이행하려 하면 좋으니 그가 그 기업 무를 자의 책임
을 행할 것이니라 만일 그가 기업 무를 자의 책임을 네게 이행하기를
기뻐하지 아니하면 여호와께서 살아 계심을 두고 맹세하노니 내가 기
업 무를 자의 책임을 네게 이행하리라 아침까지 누워 있을지니라 하는
지라 _ 룻 3:12~13

"네가 가난하건 부하건 젊은 자를 따르지 아니하였다"는 보아스의 말처럼 보아스의 나이가 상당히 많았는데도 룻은 기업을 무르기 위해 젊은 남자와의 결혼을 포기했습니다. 그러자 보아스도 룻과 결혼하기 위해 첫 번째 기업 무를 자에게 가겠다고 합니다. 그 사람이 포기하면 자기가 기업을 무르겠다고 합니다.

이렇게 책임을 다하기 위해 포기해야 할 것들이 있습니다.

첫째로, 나오미의 가장 가까운 친척이 기업 무를 권리를 포기해 줘야 합니다.

두 번째로, 나오미가 포기해야 할 것이 있습니다. 보아스는 룻이 아닌 나오미의 가까운 친척입니다. 룻보다 나오미에게 결혼의 우선권이 있었습니다. 그러나 이타적인 사랑을 하는 나오미는 자신의 권리를 포기하고 룻에게 넘겼습니다. 룻도 시어머니의 포기하는 사랑을 알기에 그 명령을 듣는 것입니다. 나오미와 룻, 보아스 셋 중 한 사람이라도 자기중심적인 선택을 했다면 모두가 불행했을 것입니다. 모두가 행복할 수 있었던 것은 서로가 이타적인 사랑으로 자신의 것을 생각하고 자신보다 가족을 먼저 생각하는 마음이 있었기 때문입니다. 서로 다 포기했기 때문입니다. 시어머니도 포기하고, 룻도 포기하고, 보아스도 포기했습니다. 이것이 책임지는 사랑입니다.

'우리 집사람은 내 말에 순종하지 않아', '우리 아들딸은, 우리 며느리는 내 말을 우습게 알아' 이런 생각을 하십니까? 신뢰 받는 배우자, 신뢰 받는 부모가 되려면 내가 먼저 포기하는 것이 있어야 합니다. 시간을 포기하고 돈을 포기하고, 감정을 포기하고…… 이렇게 포기하는 인생이 책임지는 사랑을 할 수 있습니다.

신뢰 받는 부모와 남편과 아내가 되기 위해 포기한 것이 있습니까? 내 시간을 포기하고, 돈을 포기하고, 잔소리를 포기했습니까?

책임 있는 사랑은 절제입니다

그리고 이제 내 딸아 두려워하지 말라 내가 네 말대로 네게 다 행하리라 네가 현숙한 여자인 줄을 나의 성읍 백성이 다 아느니라 _룻 3:11

책임은 절제입니다. 책임지는 사랑에는 절제가 필요합니다. 보아스는 룻이 발치 이불을 들고 얘기를 했는데도 과부인 룻을 무시하지 않았습니다. 룻을 귀하게 여겨 주었습니다. 잠을 자다가 이불 속으로 들어온 젊은 여자를, 대부분의 남자들은 안고 말았을 것입니다.

그런데 보아스는 책임지는 사랑을 하기 때문에 룻을 당장에 안지 않았습니다. 만약 보아스가 아무 생각 없이 룻을 안았다면 예수님의 계보로 이어질 수 없었을 것입니다. 파국을 맞게 되는 것입니다. 왜냐하면 기업 무를 자가 아직 있었기 때문에, 그 사람하고 아직 해결이 안 된 상태에서는 결혼이 성립되지 않습니다. 그러므로 아직 때가 아니라는 것을 알고 절제한 것이 보아스의 책임지는 사랑이었습니다.

결혼을 앞둔 청년들이 이렇게 절제를 하지 못하고 혼전 순결을 잃어버리고, 임신을 하는 것은 상대방을 위한 사랑이 아닙니다. 길이 아니면 가지 않는 것이 책임지는 사랑입니다. 책임의 덕목 중에 절제는 정말 필수입니다. 말초적인 사랑, 감정적인 사랑을 좋아하지 마십시오. 책임은 내가 하고 싶은 것을 다 하는 게 아닙니다. 절제가 따라야 합니다.

서두에 언급한 집사님은 자신에게 차별을 한다고 말해서 기분이 나빴지만 돌이켜 생각해 보니 속으로는 사람들을 차별하면서 겉으로는 아닌 척했음을 깨닫고 회개했다고 합니다. 자신을 차별 없이 받아주고 섬겨 준 지체들이 있었음을 알게 되었고, 그분들의 진심이 있었기 때문에, 헤세드의 인애와 사랑이 있었기 때문에, 예수님의 차별하지 않고 기다려 주시는 사랑을 알게 되었다고 고백했습니다.

우리들교회 청소년부를 섬기고 계시는 한 선생님의 간증입니다.

불신 가정에 있는 많은 아이들이 친구를 따라 교회에 옵니다. 그렇게 얼떨결에 교회를 다니다가 세례까지 받게 되면 얼마나 축하

할 일입니까? 그런데 세례식 때면 부모와 함께 교회에 다니는 아이들은 온 식구가 함께 와서 축하해 주지만, 불신 가정의 아이는 혼자 쓸쓸하게 세례를 받아야 합니다. 그것이 안타까워서 이 선생님은 비록 믿지 않는 부모라도 전화를 걸어 "세례식에 꼭 오셔서 자녀를 축하해 달라"고 간곡히 부탁한다고 합니다. 그러나 대부분 무시하거나 전화를 확 끊어 버리기 일쑤랍니다.

한번은 이 선생님이 한 아이의 부모를 만나기 위해 2시간 반이나 걸리는 아이의 집까지 찾아간 적이 있습니다. 문 앞에서 한 번만 만나 달라고, 아이가 세례 받을 때만이라도 교회에 꼭 오셔서 축하해 달라고 말씀드렸습니다. 그런데도 그 부모님은 문조차 열어 주지 않았고, 하도 냉대를 하기에 "저 이상한 사람 아니에요, 제 남편은 의사예요"라고 이야기까지 했습니다. 그런데 이 선생님은 이것이 하나도 자존심이 상하지 않더랍니다. 도리어 그 가정을 위해서 저절로 기도가 나왔다고 합니다.

어떻게 이럴 수 있었겠습니까? 피아노를 전공하신 이 선생님은 초등학생 때 "그 따위로 피아노 쳐서 학교에는 들어갈 수 있겠냐"는 아버지의 한마디에 분해 그 후로도 오랫동안 부모를 증오할 정도로 자존심이 강했습니다.

그런데 지금은 청소년부 아이들을 위해서라면 장거리도 마다하지 않고 심방도 가고 어떤 냉대도, 무시도 잘 당합니다. 이것이 자신을 낮추고 겸손하게 하시려는 하나님의 구원의 세팅이자 축복이라고 고백합니다. 이 선생님은 맡겨진 아이들의 구원을 위해 시간도, 자존심마저도 포기했습니다. 누가 이렇게 하겠습니까? 이런 것이 책임지는 사랑입니다.

책임은 지혜가 있어야 합니다. 용기가 있어야 합니다. 기업 무르기가 목적이 되어야 합니다. 포기할 줄 알아야 합니다. 절제할 줄 알아야 합니다. 이러한 헤세드의 언약과 말씀에서 비롯되는 지혜와 용기를 얻게 되시기를 바랍니다.

절제하지 못하고 감정대로 행하진 않습니까? 남편과 아내, 자녀, 직장 동료에게 책임지는 사랑을 하고 있습니까?

말씀으로 기도하기

교사는 학생들을, 사장은 사원들을, 부모는 자녀들을, 목자는 목원들을 책임져야 합니다. 그들을 책임지고 책임 있는 사랑을 하기 위해 필요한 것들이 있습니다.

책임은 지혜가 필요합니다. (룻 3:6, 10)

룻은 어머니의 명령을 상황마다 하나님의 명령으로 듣고 순종했습니다. 그런 룻이기에 인애가 크다고 칭찬을 받았습니다. 내가 순종함으로 헤세드의 지혜를 나타내며 맡겨진 사람들을 잘 책임지도록 기도합니다.

책임은 용기가 필요합니다. (룻 3:7)

룻이 발치 이불을 들고 들어간 것은 수치를 각오한 용기였습니다. 고정관념을 극복하고 나의 수치를 드러내는 헤세드의 용기로 하나님의 사랑을 전하게 하옵소서.

책임의 목적은 기업 무르기입니다. (룻 3:8~10)

룻이 자신의 이익을 위해서가 아니라 영적 기업을 무르기 위한 이타적인 목적으로 순종했기에 지혜와 용기가 생겼습니다. 내게 주신 책임을 다하는 것이 나의 만족을 위해서가 아니라 오직 전도를 위해서인 것을 알게 하옵소서.

책임은 포기가 필요합니다. (룻 3:12~13)

서로가 자기 것을 포기하고 이타적인 사랑을 할 때 룻과 나오미, 보아스 모두가 행복할 수 있었습니다. 가정과 교회, 직장에서 내 유익을 포기함으로 나의 책임을 다하고 신뢰를 얻게 하옵소서.

책임 있는 사랑은 절제입니다. (룻 3:11)

보아스가 과부인 룻을 무시하지 않고 귀하게 여기며 책임지는 사랑으로 절제했기에 예수님의 조상이 되었습니다. 혼전에 순결을 지키는 절제, 내 욕심과 유혹을 말씀으로 쳐내고 절제하는 것이 진정한 사랑임을 알게 하옵소서.

우리들 묵상과 적용

22살에 동거로 시작한 결혼생활은 남편의 주사로 항상 위태로웠습니다. '진심으로 남편을 사랑해 주면 언젠가 정신을 차리겠지' 하며 잘 대했지만, 결국 남편은 외도하여 아들을 낳았고 두 집 살림하다 연락 두절이 되었습니다. 저는 두 딸이 크면 이혼을 해야겠다고 생각하던 중에, 동생의 권유로 말씀을 묵상하는 교회로 인도 받았습니다. 목사님이 '남편과 첩을 받아들이라'고 하셨는데, 룻은 나오미의 하나님이 나의 하나님이 되었기에 발치 이불을 들고 보아스에게로 들어갔지만(룻 3:7), 저는 '목사님이 한번 해 보시지' 하며 속으로 비웃었습니다.

그러다 큰딸의 결혼 상견례를 앞두고 저희 집 사정을 아시는 사돈께서 결혼 전에 장인을 만나 인사를 하고 싶다고 하셨습니다. 주일설교 때 들은 느헤미야의 성벽중수가 제게 가정을 중수하라는 말씀으로 들려, 수소문 끝에 남편의 연락처를 알아내 연락했습니다. 그리고 남편에게 내가 가해자였다고, 딸의 결혼을 위해 만나길 원한다고 조심스럽게 지혜로운 말로 장문의 문자를 보냈습니다. 문자를 보낸 후 3개월 만에 재회하게 된 남편은 결혼식에 무일푼으로 와서 딸의 손을 잡고 입장했습니다. 주례해 주신 목사님이 구원의 열정으로 설득해 주셔서 교회에 나오게 되었고, 공동체의 도움으로 양육도 받았습니다.

그러나 생색을 내려놓지 못한 저의 연약함 때문에 남편은 1년 만에 다시 둘째 부인에게로 갔다가 6개월 만에 다시 돌아왔습니다. 다시 돌아온 남편은 저에게 함께 다단계를 하자고 꾀었고, 그로 인해 큰 빚을 지게 되니 또다시 그녀에게 가 버렸습니다. 저는 속인 자보다 속은 자가 더 나쁘다는 말씀에 내 욕심과 열심으로 한 것들을 회개하게 되었고, 남편을 원망하지 않고 묵묵히 빚 갚는 적용을 했습니다.

그러던 중 남편은 뇌졸중 후유증으로 첩에게 완전히 쫓겨나 6년 만에 돌아왔고, 저에게 "아파서 일도 못 하겠고 재활 치료와 취업 준비를 해야 한다"라고 했습니다. 너무 어이가 없었지만, 룻이 시어머니와 믿음의 후손을 생각하며 이타적인 목적으로 보아스에게 기업을 무를 자가 되어 달라고 했듯이(룻 3:9), 저도 구원을 목적으로 십자가 지고 가리라는 결단을 하게 되었습니다. 그러면서 남편이 원하는 모든 것에 순종하였고 결국 남편은 주님의 은혜로 예수 믿고 천국에 갔습니다. 때에 맞는 룻기 말씀으로 생명의 선택을 하게 하시고, 인애로 책임지는 사랑을 남편에게 베풀도록 결단하게 해 주신 하나님 사랑합니다.

기도

하나님, 책임 있는 사랑을 하기 위해 지혜와 용기가 필요하고 포기와 절제가 필요하다고 하십니다. 오늘도 말씀을 보면서 지혜와 용기와 포기와 절제를 하기 원합니다. 룻이 인간적인 모든 생각을 내려놓고 수치의 명령에도 순종했듯이, 제힘으로는 할 수 없지만 하나님의 인애와 자비로 책임을 다하는 삶을 살기 원합니다.

아직도 포기하지 못하는 것이 많고, 절제가 안 됩니다. 제가 잘나서가 아니라 언약 안에서 자비를 베푸신 것이 헤세드의 은혜인데, 깊은 고정관념으로 사람을 차별하고 내 부모, 내 자녀도 차별할 때가 많습니다. 주님, 용서하여 주시옵소서.

가정과 교회, 직장에서 책임지는 사랑을 하기 위해 제가 포기하고 절제하게 하옵소서. 때에 맞는 지혜와 용기를 허락해 주시옵소서. 날마다 하나님의 명령을 듣고 순종하며 갈 때, 제가 책임질 수 없는 것들을 책임지게 하실 줄 믿습니다. 저 한 사람이 책임을 다함으로 가정이 달라지고 직장이 달라지고 교회가 달라질 것을 믿습니다. 예수님의 이름으로 기도합니다. 아멘.

하나님 아버지,

주님 앞에서 최선을 다하는 삶, 성취하는 삶을 살기 원합니다.

말씀해 주옵소서.

chapter 8

주님 앞에 최선을 다하는 성취

룻기 3:14~18

하나님은 일을 성취하기 위해서 쉬지 않으시는 분입니다. 무슨 일이든 성취하기 위해서는 쉬지 않는 자세가 필요합니다. 하지만 우리는 성취는 좋아하면서 쉬지 않는 것은 싫어합니다. 또 무조건 쉬지 않고 일하면 탈진하게 됩니다. 그러면 무엇을 쉬지 않아야 할까요? 성취를 위해서 '쉬지 않아야 할 것'은 무엇일까요?

순종의 매력이 쉬지 않아야 합니다

룻이 새벽까지 그의 발치에 누웠다가 사람이 서로 알아보기 어려울 때에 일어났으니 보아스가 말하기를 여인이 타작마당에 들어온 것을 사람이 알지 못하여야 할 것이라 하였음이라 _룻 3:14

여기서 '눕다'는 잠을 자라는 뜻인데, 룻이 잠이 오겠습니까? 하지만 룻은 책임을 이행하겠다는 보아스의 말을 듣고 그때부터 깊은 잠을 잤습니다. 안식을 받아들이고 누리면서 잠을 잔 것입니다. 저는 이것이 룻의 매력이라고 생각합니다.

언제나 적극적인 것이 좋은 건 아닙니다. 때에 따라 어느 때는 적극적으로, 어느 때는 수동적으로 때에 맞는 순종을 해야 합니다. 순종의 매력은 언제나 비굴하게 "네, 네" 하는 것이 아닙니다. 가만히 있는 것이 매력이 아닙니다. 이타적인 목적과 구원을 위해서는 적극적으로 할 말을 하면서 자기 자리를 지키는 것이 순종입니다. 구원 때문에 할 말을 하되 온유하게 하는 것이 필요합니다. 무서워서 순종하는 것이 아니라 구원 때문에 순종하는 것입니다. 때에 따라서는 즉시 순종함을 보여 주는 것이 성취의 비결입니다.

제가 집사이던 시절 잠시 전셋집에서 산 적이 있었습니다. 당시 전세 계약을 하고자 멀리까지 나갔는데, 약속 시간이 다 돼서도 전세 대리자가 나타나지 않았습니다. 고위직 공무원의 부인인 그분은 자초지종도 설명하지 않고 자신의 집까지 오라고 했습니다. 하는 수 없이 공인중개사와 함께 그분의 집에 찾아가서 왜 안 오셨느냐고 물었습니다. 이분이 하는 말이 기사가 없어서 못 나갔다고 하더군요. 그래서 육십이 다 되신 어르신께 삼십 대인 제가 똑 부러지게 말했습니다.

"그러면 택시라도 타고 오셨어야죠. 저도 바쁘고 멀리서 왔는데 약속 시간이 다 돼서야 못 온다고 하는 건 기본 예의가 없으신 것 아닌가요?"

제 말에 너무 놀란 그분은 눈이 휘둥그레지셨습니다. 함께 온 공인중개사도 잔뜩 긴장해서는 저더러 무슨 백이 있어서 그랬느냐며, 이후로 저를 대하는 태도가 달라졌습니다.

저는 그분이 고위 공직자 부인으로서 적어도 상식과 예의를 알 것이기에 제 이야기가 받아들여지리라 생각했습니다. 하지만 상식과 예의가 통하지 않는 남편은 계약을 치르고 돌아온 저에게 "집을 하나 만들어 왔냐"며 핀잔을 주었습니다. 당시 남편은 마치 한국 기독교에 대해서 비판해야 할 사명을 띠고 태어난 사람처럼 예수 믿는 저를 무섭게 핍박했습니다. 그래서 이때는 아무 변명도 하지 않고 "제가 좀 늦었어요"라고만 이야기했습니다.

제가 남편의 구원을 위해 절대 순종했다고 해서 다른 사람에게도 비굴했던 것은 아닙니다. 남편의 구원이 가장 우선이고 남편에게는 상식이 통하지 않는 것을 알기에 때에 맞게 순종했을 뿐입니다. 남편을 위해 생명을 내놓고 기도하는데 이 땅의 권세가 뭐가 무섭겠습니까?

저는 왕 같은 제사장이요 구별되게 살아야 하는 거룩한 하나님의 나라입니다. 그러니까 제가 집에서 "네, 네" 했어도 밖에서는 권세가 주어진 것입니다. 조금 매력 있어 보이지 않습니까?

보아스에게 나와 결혼해 달라고 용기 있게 말하던 룻도 보아스가 발치에 누우라고 하니 "네" 하고 순종합니다. 때를 잘 아는 순종의 매력이 있어야 성취할 수 있습니다.

성취의 비결은 완고하지 않은 자세입니다. 룻이 보아스의 마음을 그냥 얻은 게 아닙니다. 우리도 기업을 무르고 전도를 하려면 사람의 마음을 얻어야 하는데 얄팍한 인간적인 매력을 가지고는 될 수가 없습니다. 하나님의 자녀다운 매력, 때에 맞는 순종의 매력을 풍겨야 합니다.

사람이 사람을 진심으로 좋아하게 되는 것이 성취의 비결입니다. 사람을 좋아하지 않고는 어떤 것도 성공할 수 없습니다. 공부나 피아노를 가르쳐도 배우는 학생을 좋아해야 합니다. 아이의 인생에 대해 관심을 가져야만 성공하는 선생님이 됩니다. 의사가 환자를 진료하더라도, 환자에 대해서 관심이 있어야 합니다. 그래야 성공한 의사가 됩니다. 그런데 학생을 돈으로, 환자를 돈으로 본다면 슬픈 인생이 될 수밖에 없습니다. 돈은 많이 벌지 모르지만 진정한 성취는 이룰 수 없습니다.

성공과 성취는 다릅니다. 성공은 세상적으로 잘나가는 것이지만, 성취는 항상 예수님께 목적을 두는 것입니다. 세상에서의 성공을 얻지 못할지라도 구원을 위해서는 할 말을 하는 것이 성취입니다.

나에게 어떤 매력이 있습니까? 매사에 착하다는 말을 들으면서 은근히 무시 받는 기분이 든 적은 없습니까? 비굴한 순종이 아니라 때에 맞는 언어와 표정과 태도로 매력 있는 순종을 하고 있습니까?

오해를 피하도록 주의하는 것을 쉬지 않아야 합니다

룻이 새벽까지 그의 발치에 누웠다가 사람이 서로 알아보기 어려울 때에 일어났으니 보아스가 말하기를 여인이 타작마당에 들어온 것을 사람이 알지 못하여야 할 것이라 하였음이라 _룻 3:14

룻이 발치 이불을 들고 들어와서 청혼을 한 것은 부끄러울 것이 없는 행위였습니다. 기업 무르기를 위해 들어간 것이기 때문입니다. 그러나 룻과 보아스는 아직 정식으로 부부 관계를 맺지 않은 상태였습니다. 매사에 '정식으로'가 중요합니다. 교회에서도 '정식으로' 등록하고, 세례를 받는 것이 중요합니다. 이런 일들이 작은 것 같지만 정식을 무시하면 직분도 못 받고 사역을 못 할 수도 있습니다. 이 땅에서는 형식도 중요한 것입니다.

룻과 보아스가 아직 정식으로 맺어진 관계가 아닌데 다른 사람이 보면 오해를 받을 수 있습니다. 누군가 룻을 알아보고 이방 여인이 어쩌고저쩌고했다는 안 좋은 소문이 날까 봐 보아스가 주의를 시킨 것입니다. 현숙한 여인인 룻의 명예를 지켜 주려고 배려합니다.

일을 성취하기 위해서는 오해를 피해야 합니다. 복음을 위해서는 사람들의 눈도 의식해야 되고 주의해야 할 일도 있습니다. 무조건 '예수 믿는데 뭐가 어때? 내가 죄지은 거 있어? 숨긴 왜 숨어!' 이러는 것은 만용입니다. 왜냐하면 사람들은 눈에 보이는 것으로 판단하기 때문입니다.

연예인이 조심히 연애를 하는 것처럼, 예수 믿는 우리도 오해를 사지 않기 위해 얼마나 조심해야 되는지 모릅니다. 신중함이 필요합니다. 예수님도 다른 사람들의 오해를 불식시키기 위해서 내지 않아도 되는 성전세를 내셨습니다. 사도 바울도 누군가 자신으로 인해 실족하지 않도록 주의했습니다.

로마서 14장 21절에 "고기도 먹지 아니하고 포도주도 마시지 아니하고 무엇이든지 네 형제로 거리끼게 하는 일을 아니함이 아름다우니라"고 했으며, 고린도전서 8장 13절에도 "그러므로 만일 음식이 내 형제를 실족하게 한다면 나는 영원히 고기를 먹지 아니하여 내 형제를 실족하지 않게 하리라"고 했습니다.

이처럼 성취의 비결은 사소한 것에 있습니다. 사소하지만 지키고 적용해야 할 것들이 곳곳에 숨어 있습니다. 그것들을 놓치지 않고 신중하게 주의해야 오해를 피할 수 있습니다. 아직 일이 성사되지 않은 상태에서는 작은 부주의로 일을 그르칠 수 있습니다. '새벽에 사람들 모르게 떠나는 것'이 뭐가 대단한지 모르겠다고 생각할 수 있지만, 대단히 중요한 적용입니다. 이 간단한 적용 때문에 일이 훼방 받지 않고 예수님이 오신 것입니다. 늘 오해를 피할 줄 알아야 합니다. 무엇이든 다른 사람들이 꺼리는 일은 하지 말아야 합니다. 사소하고 작은 일도 쉬지 않고 주의하는 것이 성취의 비결입니다.

전도와 결혼, 학업과 직업, 사업을 성취하기 위해 주의해야 할 것은 무엇입니까? 사람들이 나를 오해한다고, 우리 교회를 오해한다고 원망합니까? 내가 주의하지 않고 내뱉은 말 한마디, 사소한 행동 하나 때문에 그런 오해가 생긴 건 아닙니까?

상대방에 대한 배려를 쉬지 않아야 합니다

룻이 새벽까지 그의 발치에 누웠다가 사람이 서로 알아보기 어려울 때에 일어났으니 보아스가 말하기를 여인이 타작마당에 들어온 것을 사람이 알지 못하여야 할 것이라 하였음이라 _룻 3:14

룻이 날이 밝기 전에, 피차 알아보기 어려울 때에 일어났습니다. 알람시계가 있었던 것도 아닌데 성취를 하기 위해 가장 적당한 시간에 일어났습니다. 너무 깜깜하지도, 너무 밝지도 않은 새벽 미명, 정확한 시간에 일어났습니다. 그렇지 않으면 보아스의 입장을 곤란하게 할 수 있었기 때문입니다. 자신과 함께 밤을 지낸 사실이 알려지면 보아스의 명성에 손상을 입힐 것이라고 룻은 생각했습니다.

보아스도 같은 이유로 룻을 세밀하게 배려했습니다. 한 사람에게라도 들키면 당장 룻이 보아스를 유혹했다고 소문이 날 수 있습니다. 그러다 룻이 모압으로 쫓겨날 수도 있습니다. 보아스도 기업 무를 자 1순위의 권한을 침해한 사람이 될 수 있습니다. 이 모든 것을 미리 배려하고 룻이 알맞은 시간에 일어난 것입니다.

보아스가 이르되 네 겉옷을 가져다가 그것을 펴서 잡으라 하매 그것을 펴서 잡으니 보리를 여섯 번 되어 룻에게 지워 주고 성읍으로 들어가니라 _ 룻 3:15

이 바쁘고 긴박한 상황에 보리를 여섯 번이나 되어 준 이유는 뭘까요? 이때는 몸을 피하는 게 급선무이고 나중에 사람을 시켜서 보내줄 수도 있지 않았을까요? 다 이유가 있습니다. 이른 새벽에 여자 혼자 밭에서 나가는데 보리가 있어야 이유가 될 것이기 때문입니다. 또 한두 되가 아니고 여섯 되를 지워 준 것은 밤부터 아침까지 일한 것처럼 보이기 위해서입니다. 혹시라도 사람들이 본다면 '어려운 형편에 이삭 주으러 왔구나'라고 생각하도록 말입니다. 동시에 시어머니 나오미를 배려한 것이기도 합니다. 나오미를 생각하는 룻의 마음에 보아스도 동참하고 있습니다. 또한 확실히 룻과 결혼을 하겠다는 징표로 보리를 보냈다고 볼 수 있습니다. 사랑은 이렇게 세밀한 배려가 저절로 되는 것입니다.

보아스는 룻을 돌보는 애정 어린 마음으로 룻의 어깨에 곡식을 지워 줍니다. 기업 무를 자를 핑계로 자기가 해야 할 일을 회피하지 않겠다는 표시입니다. 사실은 룻이 기업을 물러 달라는 정말 하기 어려운 이야기를 보아스에게 한 것입니다. 그런데 보아스가

"그러시는 게 아니죠" 하며 정답만 말한다면 얼마나 속상하겠습니까. 보아스는 룻이 얼마나 힘든 역할을 하고 있는지 그 처지를 이해하고 자기가 들은 말에 대해서 책임을 지는 세밀한 배려를 했습니다. 그 상황에서 최대한 줄 수 있는 만큼을 다 준 것입니다.

누군가와 상담을 할 때, 상대는 용기를 내어 하기 어려운 이야기를 했는데 정답만 말하고 끝내서는 안 됩니다. 내가 줄 수 있는 도움이 무엇인지 살피면서 먹을 것도 먹이고, 나눠 줄 것도 나눠 주고, 상대방의 처지를 공감하면서 사랑을 표현해야 합니다.

어느 집사님의 남편이 직장에서 뇌물을 받고 몹시 양심에 찔렸다고 합니다. 그래서 아내에게 어떻게 하면 좋겠냐고 물었는데 아내 집사님이 "뇌물은 나쁜 거니까 당장 갖다 주라"고 답했습니다. 이 남편이 정답을 몰라서 물었겠습니까? 도로 갖다 주는 것이 쉬우면 왜 갈등했겠습니까?

정답만 말하면 관계가 서먹해집니다. 직접 당해 본 적도 없고 상대방의 고난에 같이 아파하지 않으니 머리로만 정답을 내놓는 것입니다. 각자 믿음의 분량이 다른데 내 생각만 강요하면 거리감만 줄 뿐입니다. 근본적으로 사랑이 있어야 합니다. 이타적인 사랑이 가장 큰 지혜이고 성취의 비결입니다. 사랑 없이 가르치는 데만 익숙한 사람은 때에 맞는 권면을 할 수 없습니다. 어렵게 오픈했는데 원칙만 주장하면 마음이 닫힙니다. 상대방에게도 믿음의 분량이 있습니다. 내 믿음대로 강요하지 마십시오. 상대방의 입장에서 세밀한 배려가 있어야 구원을 성취할 수 있습니다.

"우리 형님은 내가 일 다 해 놓으면 딱 와서 음식만 먹어" 이러지 마시고 일은 내가 하고 공은 형님에게 돌린다는 마음을 가져 보십시오.

저도 한때 성숙하지 못해서 가족에 대한 세밀한 배려가 얼마나 부족했는지 모릅니다. 시어머니 생신 때의 일입니다. 분가하여 사시던 형님이 비록 사온 음식이지만 각종 맛있는 것으로 생신상을 가득 차리셨습니다. 그때 저는 시집살이하는 졸개에 불과했습니다.

그런 제가 큰돈을 들여 어머니가 좋아하시는 옷을 선문했습니다. 낭시 남편 월급이 7만 원이었는데 배포도 크게 있는 돈 다 털어서 30만 원짜리 옷을 사 드렸습니다.

제가 그걸 왜 해 드렸겠습니까? 시집살이하느라 마음대로 집 밖에 나갈 수 없으니 내게는 무용지물인 돈, 신간이나 편해 보려고 쏟아부은 것이지요. 그러면 시어머니가 저에게 좀 잘해 주실까 싶어서 말입니다.

그랬더니 어떤 일이 일어났는가 하면 생일상은 형님이 다 차리셨는데 시어머니가 자꾸 옷 자랑만 하시는 겁니다. 형님이 얼마나 기분이 나쁘셨겠습니까? 저는 제가 힘든 것만 생각하느라 무엇을 잘못했는지도 몰랐습니다. 지금에 와서야 제가 얼마나 질서를 무시하고 공명심에 사로잡혀 있었는지를 깨닫게 되었습니다. 선물한 게 잘못이 아니라 제 주제를 모르고 너무 튀는 일을 한 것입니다. 되돌아보면 부끄러운 것이 제게 너무 많습니다.

가정에서만 서로 배려합니까? 직장에서도 마찬가지입니다. 매사에 내 상사에게 공을 돌리다 보면 나중에는 다 나에게 유익이 됩니다. 공은 다른 사람에게 돌리되 내 할 일만 열심히 하고 있으면 영적 기업을 무를 수 있는 집안이 된다는 것을 꼭 믿으시기 바랍니다. 일은 내가 하고 공은 윗사람에게 돌리는 것이 성취를 이루는 길입니다.

룻이 보아스에게 가까이 갈수록 더 많은 은혜와 사랑을 입었습니다. 보아스는 그리스도의 예표이기에, 우리도 예수님께 나갈수록 더 많은 은혜와 사랑을 입을 수가 있습니다. 난로에 가까이 다가가야 언 몸을 녹일 수 있지 않겠습니까? 주께로 가까이 나아가야 은혜를 입는 것입니다. 룻이 보아스에게 가까이 가듯이 우리도 예수님 앞으로 가까이 나가야 합니다. 그래서 예수님의 세밀한 배려를 받으며 그 사랑을 누리십시오.

구원을 위해서 쉬지 않고 배려해야 될 가족, 동료가 있습니까? 그들을 배려한다고 하면서 상황에 상관없이 성경 말씀만 쭉쭉 읊어 대지는 않습니까? 상대의 처지와 필요도 모르면서 무조건 교회 다니게 해달라고 기도합니까? 한 사람을 전도하기 위해 보리 여섯 되의 구체적인 배려를 행하고 있습니까?

서로를 위하는 마음이 쉬지 않아야 합니다

룻이 시어머니에게 가니 그가 이르되 내 딸아 어떻게 되었느냐 하니 룻이 그 사람이 자기에게 행한 것을 다 알리고 _룻 3:16

룻이 보리를 지고 집으로 돌아왔습니다. 시어머니 나오미의 유일한 관심은 '기업 무르기'입니다. 남편 엘리멜렉의 집안에 예수 씨가 가는 것입니다. 룻을 보내 놓고 밤잠도 못 자면서 기도했을 것입니다. 본문에는 '어떻게 되었니(How did it go?)'라고 묻는데, 히브리어 성경에는 '너 누구냐(Who are you?)'라고 되어 있습니다. 룻을 못 알아보고 누구냐고 물은 것이 아니라 '너의 신분이 달라졌니? 결혼하기로 했니?' 이런 질문입니다.

이르되 그가 내게 이 보리를 여섯 번 되어 주며 이르기를 빈손으로 네 시어머니에게 가지 말라 하더이다 하니라 _룻 3:17

나오미는 자신보다 룻의 인생을 먼저 배려하고 있습니다. 결혼에 대한 자신의 권리는 이미 포기했습니다. 룻도 보아스가 자기에게 행한 모든 것을 보고합니다. 시어머니의 질문을 정확히 알아들은 것입니다.

룻과 나오미가 서로를 위하는 것이 너무나 대단하지 않습니까? 룻은 기업 무르기를 위해서 자신이 잘한 이야기는 하지 않았습니다. '제가 어머니를 위해 보아스에게 가서 나에게 날개를 덮어 달라고 했기에 이 결혼이 이루어졌다'고 생색내지 않았습니다. 시어머니를 배려해서 부담을 느낄 얘기는 하지 않았습니다. "보리를 여섯 번 되어 주며 시어머니에게 빈손으로 가지 말라"고 했다고 어머니에게 초점을 맞춰서 보고했습니다.

룻도 나오미도 보아스도, 서로를 위함이 승했습니다. 서로 상대의 입장에서 배려하는 모습이 너무 아름답습니다. 이것이 성취의 비결입니다.

"빈손으로 가지 말라 하더이다" 했을 때 '빈손'은 룻기 1장 21절에 '여호와께서 내게 비어 돌아오게 하셨다'고 나오미가 사용했던 언어입니다. 그런데 보아스가 빈손으로 돌아가지 말라고 한 말을 전해 들었을 때, 나오미는 하나님의 응답임을 알고 전율했을 것입니다. 서로가 서로를 위할 때 하나님의 응답이 성취되는 것입니다. 가족이 서로를 위하고 동료가 서로를 도와야 안 될 일도 되는 법입니다.

나오미와 룻이 '텅 빔'을 경험하고, 말씀의 집 고향으로 돌아왔더니 도와주고 채워 줄 보아스가 그들에게 생겼습니다. 내가 열심히 말씀만 붙잡으면 도와줄 보아스가 생길 줄 믿습니다. 지금 어떤 상황에 있든 말씀을 붙잡고 예배를 붙잡으시기 바랍니다.

룻과 나오미, 보아스처럼 가정과 목장에서 서로를 위하고 있습니까? 말 한마디도 내 위주가 아닌 상대방 위주로 하면서 부모와 배우자, 자녀, 지체를 위합니까? 사랑하는 마음 없이 겉으로만 위해 주다가 생색과 짜증이 나서 힘이 드십니까?

잘 기다리는 것을 쉬지 않아야 합니다

이에 시어머니가 이르되 내 딸아 이 사건이 어떻게 될지 알기까지 앉아 있으라 그 사람이 오늘 이 일을 성취하기 전에는 쉬지 아니하리라

하니라 _룻 3:18

이제 나오미는 룻과 함께 할 수 있는 일은 다 했다는 것을 알았습니다. 다음은 하나님께 맡기는 것만 남았습니다. 발치 이불을 들고 들어갈 정도로 적극적으로 나가야 할 때가 있고, 지금처럼 가만히 앉아 있어야 할 때가 있습니다. 때에 맞는 순종으로 최선을 다 한 후에 결과는 하나님께 맡기면 됩니다. 지혜로운 사람은 자기의 유익을 구하지 않습니다. 자기 유익에만 급급해 있으면 이런 지혜가 나오지 않습니다. 자기 유익만 구하면서 나오미처럼 때를 잘 맞추는 사람은 지혜로운 게 아니라 '교활한' 사람입니다.

룻기 3장에 기록된 나오미의 마지막 말은 '그 사람이 쉬지 아니하리라'입니다. 나오미는 보아스의 성품을 누구보다 잘 알고 있었습니다. 룻의 설명을 듣고, 보아스가 앞으로 행동을 할 것이라는 확신을 가졌습니다. 나오미와 룻이 가만히 기다릴 수 있는 것은 보아스가 '이 일을 성취하기 전에는 쉬지 아니할' 것을 믿었기 때문입니다.

우리가 예수 그리스도를 믿기로 결심하고 어떤 어려움이 닥쳐도 포기하지 않고 절제하며 용기 있게 믿음의 씨를 뿌린다면 예수 그리스도께서 하나님 보좌 우편에서 쉬지 않고 일하십니다. 내 할 일을 다 하고 하나님께 맡겼을 때 하나님께서 쉬지 않으실 것을 믿고 기다리면 됩니다. 쉬지 않고 일하시는 하나님 때문에 내가 되어 가는 것을 믿어야 합니다.

시편 40편 1절에 "내가 여호와를 기다리고 기다렸더니 귀를 기울이사 나의 부르짖음을 들으셨도다"라고 했습니다. 하나님께서는 우리가 기다리는 동안 기도하게 하십니다. 기도를 통해서 나를 훈련하십니다. 그러므로 내가 하나님의 열심보다 앞서가면 안 됩니다. 날마다 되는 것이 없어 보여도, 듣고 물어보며 기다리면서 가면 됩니다. 쉬지 않으시는 하나님이 내 옆에서 일하시기 때문입니다.

반면에 불신의 모압 땅에서는 가만히 있으면 안 됩니다. 불신의 모압 땅에서는 가만히 있지 않고 돌아오는 것이 적용입니다. 사람 살리는 것에 관심도 없이, 자기 할 일을 하지도 않으면서 가만히 있으면 되겠습니까? 자기가 해야 할 일을 하지 않고 가만히 있는 것도 게으름입니다. 룻이 이삭을 줍지도 않고 게으르게 가만히 있었습니까? 룻은 최선을 다했고, 이제 어떤 결과가 나오든 연연하지 않는 마음으로 기다립니다. 최선을 다하고 잘 기다리고 있으면 그것이 어떤 것이든, 그 결과는 하나님이 쉬지 않고 일하신 결과입니다. 모든 것을 감사함으로 받으면 됩니다.

신랑 되신 주님은 우리를 신부로 맞이하기까지 쉬지 않고 일하셨습니다. 십자가에서 그 일을 성취하기까지 인내하셨습니다.

흉년의 사건이 왔을 때, 엘리멜렉처럼 모압 땅으로 떠나는 것은 기다림의 태도가 아닙니다. 이미 떠났다면, 거기 머물면서 회개하지 않고 돌아오지 않는 것도 기다림의 태도가 아닙니다.

교회를 다니지만 사람 살리는 것에는 관심이 없고, 이삭을 줍지도 않고, 씨를 뿌리지도 않는 것은 기다림의 태도가 아닙니다. 하나님께서 하실 일을 기대하며 기다리되 일주일 내내 말씀 보며 이삭을 줍고, 전도를 하고, 기업 무르기를 해야 합니다. 그것을 인생의 목적으로 삼아야 합니다. 전도를 통해 한 사람의 영혼이 살아나고, 한 가정이 살아나는 것임을 알고, 애통해하는 마음을 가지는 것이 곧 '성취'입니다. 한 사람의 가치관이 달라지면, 그 사람의 영향을 받는 수많은 사람이 살아날 수 있습니다.

하늘도 스스로 돕는 자를 돕는다고 했는데 룻이 이삭을 줍지 않고 게을렀다면 보아스가 그녀를 위해서 쉬지 않고 일해야 할 이유가 있겠습니까? 최선을 다하는 사람은 결과에 연연하지 않습니다. 내가 치열하게 고민하고 최선을 다함으로 하나님께 맡겨 드린 것은 하나님이 쉬지 않고 일하신 결과이니 어떤 결과든지 그것이 최고라고 믿으면 됩니다. 그런 믿음이 있을 때 평안할 수 있습니다.

"내가 최선을 다했는데 왜 하나님이 시험에 떨어지게 하시지?", "주님을 위해 살았는데 왜 아프게 하시지?" 이런 말은 맞지 않습니다. 하나님이 쉬지 않고 일하셔서 내가 암에 걸렸다면 그걸 믿음으로 바라보는 것입니다. 하나님이 쉬지 않고 일하셔서 내가 오늘 실직했다면 받아들이는 것입니다. 이것이 내 영혼이 폭풍 가운데서 잠잠하게 하나님을 기다리는 것입니다.

'이 일을 성취하기 전에는 쉬지 아니하리라'는 말처럼 구원의 일을 성취하기에 쉬지 않는 한 집사님의 고백입니다.

"우리 부부는 둘 다 늦은 결혼을 했습니다. 신혼 초 어느 날, 남편이 직장에서 있었던 일을 이야기하던 중에 '열여덟 삐리리' 하며 저로서는 충격적인 욕을 했습니다. 살면서 욕이라는 것을 해 본 적 없는 저는 '이게 무슨 해괴망측한 방언인가' 하여 너무 놀랐습니다. 제 영혼에 오물을 끼얹은 것처럼 기분이 더러웠습니다.

남편의 욕은 날이면 날마다 계속되었습니다. 저는 남편에게 욕하지 말라며 성인으로서 어떻게 그런 욕을 할 수가 있느냐고 점잖게 이야기했지만 남편의 욕은 변함이 없었습니다. 비 올 때도 하고 눈 올 때도 하고, 무엇을 물어보았을 때, 누군가에게 전화가 왔을 때, 교회에 갈 때, 운전할 때 등등 욕을 쉴 때가 거의 없었습니다. 처음에는 교양 있게 설득하였으나 날이 갈수록 수시로 욕하고 화내며 소통되지 않는 남편에게 참을 수 없는 분노가 들끓었습니다. 저도 남편의 수준과 똑같아져서 욕을 하리라고 마음먹고 같이 욕을 하기 시작했습니다.

어느 날 제가 설거지를 하다가 남편을 향해 '이 열여덟 삐리리야' 하고 벼락같이 큰 소리로 욕하는 것을 다섯 살 된 딸이 목격했습니다. 그런데 그 주 주일예배 시간에 아빠의 무릎에 기대어 앉아 있던 딸이 '아빠, 열여덟 삐리리지?' 하면서 너무도 또랑또랑하게 말하는 것이었습니다. 전 교인의 시선이 일시에 우리 부부에게 꽂혔습니다. 너무나 창피하여 얼굴이 달아올랐습니다. 저는 이렇게 하나님의 공개처형을 받고 나서야 욕을 끊었습니다.

그러나 남편은 여전했습니다. 어느 날은 예배 후에 남자 성도들끼리 축구를 하는데 남편이 찬 공을 목사님이 받으려다 놓쳤습니다. 이때 절대 방심하면 안 됐는데 남편이 그만 이성을 잃고 목사님께 '열여덟 삐리리' 해 버렸다는 것 아닙니까? 남편이 욕을 할 때면 훈계하고, 화도 내 보고, 달래 보기도 하고, 설득도 했다가 다독이기도 하고……. 정말 하루도 빠짐없이 전쟁을 치렀습니다.

소그룹 예배에 가는 날이면 남편은 아이와 제가 준비가 안 끝났는데도 혼자 현관문 밖에 나가서 '열여덟 빼리리' 하면서 입에 담을 수 없는 욕을 해 댑니다. 늦게 가려면 안 가는 게 낫다며 욕을 하고, 운전하고 가면서도 차가 밀린다고 욕하고, 앞차가 빨리 안 간다고 욕하고, 끼어들면 끼어든다고 욕합니다. 그렇게 소그룹 예배에 도착하면 완전히 녹초가 돼서 예배를 못 드리겠다고 합니다. 그래도 감사한 것은 몇 년째 한 번도 빠지지 않고 소그룹 예배에 참석한다는 것입니다.

소그룹 예배에서 돌아오던 어느 날 제가 남편에게 말했습니다.

'여보, 가만히 생각해 보니까 혈기 많은 당신이 욕이라도 안 했으면 벌써 화병에 걸리지 않았겠어요? 이제 뭐라고 안 할 테니까 실컷 욕하세요.'

이때부터 남편은 자유함을 얻어서 더더욱 열심히 욕을 합니다. 저도 그 후로는 잔소리도 훈육도 설득도 안 합니다. 여전히 욕먹는 것이 비참하고 불쾌하고 힘들지만, 꾸준히 큐티하면서 제가 양육되고 있음을 실감합니다.

저는 어려서부터 상처와 열등감, 피해의식에 빠져 즐거움을 잊고 살았습니다. 그러다 이제는 남편의 무지한 말과 욕설의 독화살까지 맞고 사니 무엇이 즐겁겠습니까? 그러나 '이스라엘은 자기를 지으신 이로 말미암아 즐거워할지어다'(시 149:2)라는 말씀을 묵상하며, 하나님이 나의 하나님 되시기에 즐거워하지 못할 이유가 없다고 생각했습니다.

주일 교회 가는 길에 눈이 왔다고 남편은 눈에다 대고 또 '열여덟 삐리리' 합니다. 교회는 뭐하러 가냐, 틀림없이 사고 난다, 제설작업은 왜 안 하냐…… 쉴새 없이 내뱉는 남편의 '열여덟 삐리리' 가운데 저는 '우리 남편은 운전 실력이 정말 좋으니까 우리는 절대 안전해, 그렇지 여봉?' 하며 즐거워했습니다. 저는 남편 욕 들어 주기 적용 12년 차입니다."

우리가 쉬지 않고 일하시는 주님을 신뢰하지 않는다면 어떻게 이런 적용을 할 수 있겠습니까. 집사님이 12년 동안 욕을 들어 주어도 남편은 변하지 않았습니다.

그러나 남편 집사님에게도 그럴 수밖에 없는 상처가 있다는 것을 인정하고 가야 합니다. 욕을 안 먹는 게 성취가 아니라 욕을 들을 수 있는 내가 되는 것이 성취인 것입니다. 기쁜 마음으로 욕을 자장가처럼 듣는 것이 성취인 줄 믿습니다.

또한 집사님이 이런 이야기를 공동체에 드러내 놓고 말할 수 있는 것이 진정한 성취라고 생각합니다. 내 인생이 슬픈 것 같아도 예수님 때문에 내 이야기를 내어놓으면 그것이 다른 힘든 사람들을 살리는 약재료가 됩니다.

변한 것 하나 없어도 늘 주님 때문에 기업을 무르는 성취의 인생을 살게 될 것을 믿습니다.

기다림의 시간이 하나님의 침묵이 아니라 나를 키워 가시는 하나님의 응답인 것을 믿습니까? 당장 눈에 보이는 결과가 없어도 기다림의 훈련을 통해 더 큰 일을 성취하시는 하나님을 기대합니까?

말씀으로 기도하기

구원의 역사를 성취하기 위해 쉬지 않으시는 하나님이십니다. 우리에게 맡겨진 사명을 성취하기 위해 쉬지 않아야 할 것은 무엇입니까?

순종의 매력이 쉬지 않아야 합니다. (룻 3:14)

룻처럼 완고하지 않은 매력, 순종의 매력으로 일을 성취하게 하옵소서. 기업 무르기, 전도를 할 때 사람의 마음을 얻기 위해 하나님의 자녀로서 순종의 매력을 나타내기 원합니다.

오해를 피하도록 주의하는 것을 쉬지 않아야 합니다. (룻 3:14)

룻과 보아스가 아직 정식 부부가 아니기에 사람들의 눈을 피했습니다. 내가 사소한 것부터 주의하지 않으면 구원의 일을 그르칠 수 있습니다. 믿는 사람으로서 신중하게 행하며 사소한 일도 주의하기를 기도합니다.

상대방에 대한 배려를 쉬지 않아야 합니다. (룻 3:14~15)

보아스가 룻의 처지를 생각하고 세밀하게 배려한 것처럼 구체적인 도움과 실천으로 다른 사람을 배려하게 하옵소서. 서로를 세밀하게 배려하는 가정과 목장, 공동체가 되기를 기도합니다.

서로를 위하는 마음이 쉬지 않아야 합니다. (룻 3:16~17)

룻과 나오미, 보아스가 서로를 위함이 승한 것처럼 부부가 서로를 위하고 목장이 서로를 위함으로 서로가 승일 수 있기를 기도합니다.

잘 기다리는 것을 쉬지 않아야 합니다. (룻 3:18)

나오미가 룻과 함께 할 수 있는 일을 모두 했기에 가만히 앉으라고 합니다. 내가 최선을 다했다면 그 결과는 하나님의 것입니다. 하나님의 열심보다 앞서가지 않게 하시고 기다림의 훈련으로 성숙하게 하옵소서. 쉬지 않으시는 사랑으로 구원의 일을 성취하시는 하나님께 감사합니다.

우리들 묵상과 적용

믿음이 없던 제가 교회 열심히 다니는 아내를 만나 결혼을 하고 교회를 다녔습니다. 하지만 예배가 시작됨과 동시에 잠들고 예배가 끝나기 직전에 눈을 뜨며 말씀에는 관심이 없었습니다. 열심히 일했지만 아내와 하나가 안 되니 가정은 이혼 위기였고, 회사는 회사대로 힘들었습니다. 교회에서 간증을 들어도 성공했다는 내용만 귀에 들렸던 저는 공동체에 속하기를 원하는 아내에게 둘째를 낳아 주면 교회에 열심히 다니겠다고 약속했습니다. 당시 아내는 허리 수술로 인해 임신하기가 어려웠고 둘째를 낳아서 키우기에는 가정 형편이 어려운 상황이었습니다.

그럼에도 아내는 저의 구원을 위해서 순종함으로 둘째를 가졌습니다. 아내가 저를 위해 해산의 고통을 겪으며, 말씀으로 권면하는 것 때문에 회사의 비리에 동참하지 않을 수는 있었지만, 사람들의 비웃음과 왕따를 당하며 억울한 마음에 그만두고 싶었습니다. 그런데 제가 가만히 있어도 상사의 비리가 낱낱이 드러나게 되면서 하나님이 응답하시는 역사를 경험했습니다. 나중에 알고 보니 사장님이 모든 비리를 알고 있었지만 잘못하다 회사가 망할 수 있기에 기다리고 계셨던 것입니다. 이후 제가 그 상사의 자리에 임명이 되었고 물질의 문제에서도 놓여나게 되었습니다. 제가 잠잠히 기다리지 못했음에도 쉬지 않으시는 하나님의 사랑(룻 3:18)으로 저의 신분이 바뀌고 아내와도 서로를 위하는 보고를 나누게 되었습니다.

영업 활동을 하던 중 경쟁 관계에 있었던 업체로 계약이 체결되는 일이 있었습니다. 속으로는 낙심이 되었지만, 하나님께서 주신 결과라 받아들이고 담담하게 거래처의 구매 담당자에게 좋은 결정을 하셨다고, 그 사람을 인정하는 말을 했습니다. 그랬더니 당신 같은 사람은 처음 본다며 나에게 신뢰를 가지게 되었기에 우리 회사에 일을 맡기고 싶다고 했습니다. 결과에 순종하며 상대방에게 초점을 맞추는 보고를 했더니 큰 거래를 따내게 하셨습니다.

성공이 목적이 돼서 사람에게 관심이 없었는데 쉬지 않으시는 사랑으로 말씀을 붙잡게 하시고 채워 줄 보아스를 보내 주신 하나님, 사랑합니다.

기도

아버지 하나님, 하나님의 성취가 아닌 성공에만 목마른 인생이었기에 제가 하고 싶은 것에만 순종했습니다. 목적도 없는 순종으로 비굴하고 매력 없는 인생을 살았습니다. 제가 착한 사람이라고, 책잡힐 것이 없다고 오해 받을 일에도 주의하지 않았습니다. 저 자신을 그렇게 모르니 남에게도 관심이 없어서 세밀한 배려도 못 하고, 가까운 가족 사이에도 서로를 위하지 못하고 살았습니다. 도리어 제가 배려 받아야 한다고, 저를 위해 줘야 한다고 부르짖었습니다. 제가 참고 살았다고, 제가 참고 기다렸다고 생색을 냈습니다.

하나님, 이렇게 어리석은 인생이었기에 아무것도 성취하지 못한 것을 고백합니다. 쉬지 않는 이기심과 죄악으로 도리어 구원의 일에 걸림돌이 된 저였습니다. 불쌍히 여기시고 용서해 주시옵소서. 그런데도 쉬지 않으시는 하나님의 사랑 때문에 제가 되어져 왔습니다. 기다림의 응답으로 저를 훈련시키시고, 순종할 수 없는 제가 순종하게 하시고, 주의할 수 없는 저에게 지혜를 주시고, 배려와 위함을 보이게 하십니다. 그동안 오고간 모든 사건과 사람들이 구원의 성취를 위한 것이었음을 깨닫고 감사를 드립니다. 이제 쉬지 않는 순종과 주의와 배려와 위함과 기다림으로 성공이 아니라 성취의 인생을 살도록 역사해 주옵소서. 예수님의 이름으로 기도합니다. 아멘.

하나님 아버지,

구원의 영원한 기업을 무르는 것이 우리 인생의 목적이라고 하셨으니

기쁨으로 그 길을 가게 하옵소서.

chapter 9

하나님 나라를 사는 기업

룻기 4:1~10

'기업' 하면 회사를 떠올리는 분도 있겠지만 영적으로는 하나님 나라를 의미합니다. 룻은 지금 보아스가 약속한 결혼이 이루어지기를 기다리고 있습니다. 이 결혼은 기업을 무르기 위함입니다. '기업 무르다'의 원어인 '고엘'은 구속하다, 되찾다, 회복하다의 뜻을 가지고 있습니다. 기업 무를 자는 '구속하는 자, 회복하는 자'라는 뜻입니다.

구약에서 기업은 조상 대대로 내려오는 재신이나 사업 등으로 이스라엘의 기업은 주로 토지였습니다. 토지는 지파별, 가족별로 하나님께서 제비 뽑아 나눠 주셨습니다. 그 토지의 사용권을 매매할 수 있지만, 50년마다 희년이 오면 본래의 가족에게 사용권이 돌아갔습니다. 땅은 하나님의 소유이므로, 자신의 노력으로 남의 땅을 샀어도 희년이 되면 원래의 주인에게 돌려주게 한 것입니다. 흉년이 와서 돈이 없어 땅을 판 사람도 그 땅을 되살 수 있는 권리가 있었습니다. 여기서 땅을 되사 주는(회복해 주는) 사람이 바로 기업 무르는 사람입니다. 룻에게는 보아스가 기업 무를 자, 회복하는 자였습니다.

우리는 하나님 나라의 영원한 기업을 소유한 사람입니다. 내가 받을 자격이 안 되지만 하나님의 헤세드, 자비와 인내와 긍휼로 영원한 기업을 선물로 주셨습니다. 바로 이 영원한 기업이 우리가 살아가는 목적, 우리 인생의 종착역입니다.

결혼의 목적이 기업 무르기입니다

1 보아스가 성문으로 올라가서 거기 앉아 있더니 마침 보아스가 말하
던 기업 무를 자가 지나가는지라 보아스가 그에게 이르되 아무개여 이
리로 와서 앉으라 하니 그가 와서 앉으매 2 보아스가 그 성읍 장로 열
명을 청하여 이르되 당신들은 여기 앉으라 하니 그들이 앉으매 3 보아
스가 그 기업 무를 자에게 이르되 모압 지방에서 돌아온 나오미가 우리
형제 엘리멜렉의 소유지를 팔려 하므로 4 내가 여기 앉은 이들과 내 백
성의 장로들 앞에서 그것을 사라고 네게 말하여 알게 하려 하였노라 만
일 네가 무르려면 무르려니와 만일 네가 무르지 아니하려거든 내게 고
하여 알게 하라 네 다음은 나요 그 외에는 무를 자가 없느니라 하니 그

가 이르되 내가 무르리라 하는지라 5 보아스가 이르되 네가 나오미의
손에서 그 밭을 사는 날에 곧 죽은 자의 아내 모압 여인 룻에게서 사서
그 죽은 자의 기업을 그의 이름으로 세워야 할지니라 하니 _룻 4:1~5

보아스는 룻과 결혼 약속을 하고, 바로 결혼을 하고 싶었을 것입니다. 늦은 나이인 데다가 기생 라합의 아들로 당시 고정관념을 넘어서서 배필을 만나기가 쉽지 않았을 텐데 룻과 같은 믿음의 여인을 만났으니 가슴이 두근거렸을 것입니다. 이것은 사건입니다. 오직 하나님 나라와 기업만 생각하는 두 사람이 만났으니 사건인 것입니다.

그렇다고 보아스가 하나님의 법을 어기면서 무리하게 일을 진행하지 않았습니다. 말씀을 잘 들으면 적용이 나옵니다. 적용하면 자유함과 기쁨이 생깁니다. 보아스에게는 무리하게 진행하지 않는 자유함이 있었습니다. 반드시 하고 싶은 결혼이지만 하나님의 뜻이면 이 결혼을 할 수도 있고 안 할 수도 있다고 생각하는 것이 자유함입니다. 반드시 결혼을 해야 한다고 생각하지만 월권도 하지 않고, 모든 절차를 하나도 무시하지 않습니다. 그래서 초조해하지 않습니다. 결혼 자체가 목적이 아니고 기업 무르기가 목적이기 때문입니다.

보아스는 날이 밝자 성문에 올라가서 법대로 재판을 청구합니다. 성문에 올라가 앉았는데 마침 기업을 무를 1순위자가 지나가고

있었습니다. 하지만 '마침'이란 없습니다. 모든 것은 하나님의 타이밍입니다. 보아스는 일의 결과는 하나님께 맡기지만 일을 차질 없이 하기 위해 치밀하게 최선을 다해서 진행해 나가고 있습니다. 하나님께 맡기면서도 적극적으로 나가고 있습니다.

또한 이 세상의 질서와 절차를 지키고 있습니다. 지극히 선한 일이라 해도 이 세상의 법도와 절차를 지켜 가며 해야 합니다. 디모데후서 2장 5절에서도 "경기하는 자가 법대로 경기하지 아니하면 승리자의 관을 얻지 못할 것이라"고 했습니다. 아무리 급해도 바늘 허리에 실을 꿰서 쓰지 못합니다.

보아스가 법에 따라서 장로들을 모았습니다. 여리고 기생 라합의 아들 보아스이지만 몇 시간 만에 장로 열 사람을 초청할 정도로 영향력 있는 사람입니다. 그는 믿음으로 차별을 이겨 낸 존경 받는 지도자였습니다.

뭔가 마음을 먹고 나면 하루라도 빨리 이루고 싶은 것이 우리 마음이지만 거쳐야 할 과정이 있습니다. 내가 빨리 쟁취하고 싶어도 기업 무를 자 1순위가 있습니다. 결혼 대상자 1순위가 따로 있습니다. '그 사람이 결혼하겠다고 하면 룻과 결혼을 못할 수 있다, 그것이 룻에게 더 나은 일일 수도 있다'고 생각할 때 자유함이 생깁니다. 그래서 믿음은 '빈 마음'입니다. 내 욕심이 아닌 하나님의 역사와 질서를 우선으로 두는 것입니다.

입시를 치를 때도 내가 할 수 있는 최선의 노력은 다 해야 하지만, 시험을 잘 볼 수도 있고 못 볼 수도 있고, 붙을 수도 있고 떨어질 수도 있다고 생각하는 것이 자유함입니다. 나는 잘 봐야 돼, 나는 꼭 붙어야 돼 이러면서 시험을 보면 얼마나 초조하고 불안하겠습니까. 나를 붙여 주실 하나님이 아니라, 어떤 결과이든 나를 사랑하시는 하나님을 신뢰하면 초조하지 않습니다. 하나님을 신뢰함으로 결과에 대한 자유함이 생길 때 편안한 마음으로 시험도 더 잘 볼 것입니다. 그래서 아이들에게 공부해라, 성적을 올려라 하지 말고 하나님을 신뢰하는 법을 가르쳐야 합니다. 하나님을 신뢰하고 그 사랑 안에서 자유함을 누리게 하는 것이 최고의 교육입니다.

나의 결혼은 기업을 무르는 결혼입니까? 믿음이 아닌 욕심과 정욕으로 불신 결혼을 하고 하나님 나라의 기업을 저버렸습니까? 이제라도 돌이켜서 기업을 얻기 위해 내가 거치고 따라야 할 과정과 훈련은 무엇입니까?

기업을 무르는 것은 축복의 기회입니다

보아스가 성문으로 올라가서 거기 앉아 있더니 마침 보아스가 말하던 기업 무를 자가 지나가는지라 보아스가 그에게 이르되 아무개여 이리로 와서 앉으라 하니 그가 와서 앉으매 _룻 4:1

보아스가 '아무개여'라고 부른 사람은 엘리멜렉의 친족입니다. 보아스가 그 사람의 이름을 몰랐을 리가 없는데 그의 허물을 덮어주고자 이름을 밝히지 않았습니다. 룻과 보아스는 나중에 예수님의 계보에 찬란하게 올랐지만, 원래 1순위자의 후손은 아무개의 후손이 됩니다. 이때 기업을 무르지 않아서 예수님의 계보에 못 올라간 것입니다. 그의 집안은 수치의 족보가 될 확률이 있습니다. 그래서 배려하는 뜻으로 이름을 부르지 않은 것입니다. 이방 여인 오르바도 룻기에 이름이 올랐는데, 아무개는 유대인으로서 이름을 잃어버린 것입니다.

보아스는 1순위 친족을 불러 앉히고 자초지종을 이야기합니다. 그 자리에 10명의 장로를 증인으로 초청합니다. 그리고 나오미 집안의 땅을 무를 책임이 1순위인 당신에게 있다고, 당신이 무르지 않으면 자기가 대신 무르겠다고 설명합니다.

그런데 아무개는 장로들 앞에서 자신이 법적 의무를 피하는 것처럼 보일까 봐 염려했습니다. 또 경제적 손실이 별로 크지 않을 거라고 생각했습니다. 그래서 땅을 사고 기업을 무르겠다고 합니다. 그런데 뒤의 문맥을 보면 이 대답이 그냥 건성으로 한 것임을 알 수 있습니다.

믿음의 기업을 무르는 일과 믿음의 사람을 만나는 것이 얼마나 큰 축복인지를 모르기에 건성으로 대답하고 있습니다. 룻과 결혼하는 게 일생일대의 축복인데 믿음의 눈으로 보지 못하는 것입니다.

우리도 믿음의 장소에 있고 믿음의 사람들을 만나는 게 얼마나 큰 축복인지 모를 때가 많습니다. 예배가 기업 무르기이고 예배를 통해서 구원이 무엇인지를 알게 되는데, 건성으로 예배를 드리는 사람이 많이 있습니다. 졸고, 스마트폰을 보고, 딴생각을 하는 분들이 많이 있습니다. 믿음의 일, 믿음의 사람이 있는 교회에 와서 예배에 집중하지 못하는 분들, 말씀에 관심이 없는 분들을 보면 안타깝고 마음이 아픕니다.

누군가를 전도할 기회, 섬길 기회, 헌금할 기회가 왔습니까? 믿음의 장소에서 믿음의 사람을 만나고 섬기고 돕는 것이 나에게 오는 축복의 기회인 것을 알고 있습니까?

기업 무르기에는 희생이 따릅니다

보아스가 이르되 네가 나오미의 손에서 그 밭을 사는 날에 곧 죽은 자의 아내 모압 여인 룻에게서 사서 그 죽은 자의 기업을 그의 이름으로 세워야 할지니라 하니 _룻 4:5

나오미의 기업을 무른다는 것은 모압 여인 룻과의 결혼도 포함돼 있었습니다. 엘리멜렉의 끊어진 대를 이어 줄 책임이 있습니다. 나오미의 기업을 회복시켜 주는 것까지는 좋은데, 그 가족까지 책임져야 했습니다. 기업 무르기가 권리이기도 하지만 책임도 따른다는 걸 일깨워 줍니다.

그러니까 이 아무개가 곰곰이 생각합니다. 나오미의 기업을 회복시켜 주는 건 괜찮은데, 룻과 결혼을 해서 아들을 낳게 되면 그 아들은 아무개의 아들이 아니라 엘리멜렉의 아들이 됩니다. 땅도 룻이 낳은 아들의 땅이 됩니다. 그러면 원래 자기 아들들과 다툼이 생길 수도 있고, 자기 아들들에게 돌아갈 기업이 줄어들 수도 있습니다. 이래저래 손해가 많겠다는 데까지 생각이 미칩니다.

그 기업 무를 자가 이르되 나는 내 기업에 손해가 있을까 하여 나를 위

하여 무르지 못하노니 내가 무를 것을 네가 무르라 나는 무르지 못하겠노라 하는지라 _룻 4:6

6절에는 '나'밖에 없습니다. '나는', '내 기업', '나를 위하여' 이렇게 자기중심적인 단어를 씁니다. 이 아무개는 '나'밖에 모르는 사람입니다. 그래서 하나님의 법을 초개와 같이 가벼이 여깁니다. 나한테 아무 유익이 없다고 권리를 포기하고 보아스에게 무르라고 합니다. 기업을 무르는 건 이타적인 일입니다. 이기적인 사람은 절대 할 수 없습니다.

부부간에도 나밖에 모르면 싸움이 납니다. 공동체에서도 나밖에 모르면 항상 문제가 생깁니다. 자신에게 유익이 없다고 생각하면 하루아침에 아무렇지 않게 관계를 버리는 사람이 있습니다.

7 옛적 이스라엘 중에는 모든 것을 무르거나 교환하는 일을 확정하기 위하여 사람이 그의 신을 벗어 그의 이웃에게 주더니 이것이 이스라엘 중에 증명하는 전례가 된지라 8 이에 그 기업 무를 자가 보아스에게 이르되 네가 너를 위하여 사라 하고 그의 신을 벗는지라 _룻 4:7~8

혹시 자기에게 다시 무르라고 할까 봐 신을 벗으면서까지 확정을 합니다. 똑같은 기회가 주어졌는데 한 사람에게는 축복이 되었고, 한 사람에게는 저주가 되었습니다. 당장 보이는 것이 없으니 축복의 기회를 쉽게 버립니다.

이 '아무개'는 눈에 보이는 것으로 결정할 수밖에 없었습니다. 하지만 보아스는 눈에 보이지 않는 영원한 기업을 믿음으로 바라보았습니다. 보이지 않는 하나님 나라를 경험했기 때문에 손해를 보는 선택을 할 수 있었습니다. 이 일은 보아스에게는 아무런 유익이 없는 것처럼 보입니다. 게다가 보아스가 책임을 포기해도 아무도 나무라지 않습니다. 그렇지만 룻에게 약속을 했지 않습니까? "1순위자가 포기하면 내가 기업을 무르겠다"는 약속을 지킨 것입니다.

기업 무르기에는 희생이 따릅니다. 아무개도 적극적으로 강하게 거절하지 않았습니다. 마음은 원이로되 나는 능력이 안 된다고 하면서 교묘하게 거절했습니다. 신을 벗어서 보아스에게 주면서 기업 무를 권리를 양보한 것처럼 보이지만, 결국 룻과 나오미의 부양은 싫다는 것입니다.

우리는 손해 보는 걸 정말 싫어합니다. 어떻게든 조금도 손해를 안 보려고 합니다. 손해를 덜 본 아무개가 현명해 보입니다. 하지만 실제로 이 아무개는 하나님이 주시는 축복의 기회를 발로 걷

어찼습니다. 장자권을 팥죽 한 그릇에 팔아 버린 에서처럼, 예수 그리스도의 족보에 오르는 일을 발로 걷어찼습니다.

반면 보아스는 마치 '감추인 보화'를 산 것 같은 믿음의 적용을 했습니다. 마태복음 13장 44절 "천국은 마치 밭에 감추인 보화와 같으니 사람이 이를 발견한 후 숨겨 두고 기뻐하며 돌아가서 자기의 소유를 다 팔아 그 밭을 사느니라"는 말씀처럼 축복의 기회를 얻었습니다.

엘리멜렉의 이름으로 아들을 낳는 것이기 때문에 자기 이름을 남기지 못하지만 보아스는 이 기업을 택했습니다. 우리가 하는 일도 이름이 안 남고 생색이 하나도 안 나는 것 같지만 하나님이 다 기억하십니다. 수천 배의 복을 주십니다. 축복의 기회는 순간입니다. 얻을 것이 아무것도 없어 보이지만 믿음으로 선택을 하는 것, 이것이 기업 무르기입니다.

결혼할 때 당장 보이는 것이 없어도 하나님 나라를 경험하는 믿음의 결혼을 했습니까? 눈에 보이는 외모와 조건으로 선택했다가 천국을 저버리는 결혼을 했습니까? 기업 무르기 전도를 위해 어떤 손해를 자처합니까? 1년에 한 번뿐인 휴가를 수련회, 단기선교에 쓰기로 작정한 적이 있습니까? 주일에 자녀를 학원 특강에 보내지 않고 예배드리게 하기로 결단하십니까?

증인들 앞에서 선포해야 합니다

9 보아스가 장로들과 모든 백성에게 이르되 내가 엘리멜렉과 기룐과
말론에게 있던 모든 것을 나오미의 손에서 산 일에 너희가 오늘 증인
이 되었고 10 또 말론의 아내 모압 여인 룻을 사서 나의 아내로 맞이하
고 그 죽은 자의 기업을 그의 이름으로 세워 그의 이름이 그의 형제 중
과 그곳 성문에서 끊어지지 아니하게 함에 너희가 오늘 증인이 되었느
니라 하니 _룻 4:9~10

보아스가 모든 손해를 감수하겠다고 증인들 앞에서 선언합니다. 모든 사람이 모인 자리에서 모압 여인 룻을 언급했습니다. "룻의 근본은 너희가 천하게 여기는 모압 여인이다, 나는 과부 룻과 결혼할 것이다, 뒤에 가서 딴소리하지 마라, 수군거리지 마라" 이렇게 정면 돌파를 하고 있습니다.

이것이 기업 무르는 자의 태도입니다. 수치스러운 일이지만 여러 사람 앞에서 오픈하는 것이 증인이 할 일입니다. 많은 사람 앞에서 간증하는 것 자체가 십자가를 지겠다는 표시입니다. 한번 간증을 했으니까 앞으로는 함부로 살 수 없는 인생이 됩니다.

교회 안에도 이해타산이 맞으면 받아들이고, 맞지 않으면 미

련 없이 팽개치고 세상으로 내려가는 아무개가 있습니다. 예수 믿지 않고, 남에게 손해를 끼치고 가슴 아프게 하면, 이름 없는 사람이 되어 후손에게는 아무것도 남겨 줄 것이 없는 사람이 됩니다.

또 룻과 나오미처럼 텅 비고 실패해도 하나님께로 돌아와서 기업을 이어가는 사람도 있습니다.

어느 부부의 나눔입니다. 초등학생 아들이 새로 산 자전거를 망가뜨렸다고 남편 집사님이 아이의 뺨을 때리고 멱살을 잡아끌고 온 일이 있었습니다. 너무나 놀라고 무서웠던 아들은 벌벌 떨며 집을 나가겠다고 했습니다. 오래전의 일인데도 당시 겁에 질린 아들의 얼굴이 잊히지 않았던 남편 집사님은 뒤늦게 아들에게 사과를 했습니다.

예수가 없으면 이렇게 우리는 자녀를 어떻게 키워야 하는지도 모릅니다. 그까짓 자전거 때문에 아들의 뺨을 때려서야 되겠습니까? 아빠가 잘못하면 엄마라도 잘 해야 하는데, 아내 집사님도 남편이 아들에게 폭력적으로 대할 때면 그것이 꼭 자신에게 하는 것처럼 느껴져 아들에게 더욱 화를 냈다고 합니다.

약자인 어린 자녀를 때려서라도 말 듣게 하는 것이 좋은 자녀 교육입니까? 예수님을 만나야 진정한 자녀 사랑이 무엇인지도 깨답습니다.

그러나 저는 이 집사님 부부가 공동체 안에서 자신들의 부족을 오픈했다는 것 자체로 대단하다고 생각합니다. 정말 교양 있는 부모로서 하기 어려운 이야기인데, 이렇게 수치와 부족을 드러낼 수 있는 것은 '문제아는 없고 문제 부모만 있다'는 것을 깨달았다는 것 아니겠습니까?

또 다른 집사님은 우리나라에서 알아주는 대기업에 다니시는 분인데 야동 중독이 있습니다. 어느 날 컴퓨터가 고장 나서 여직원이 고쳐 주었는데 야동 파일이 잔뜩 깔려 있어서 창피해서 죽을 뻔했다고 합니다. 그래서 컴퓨터를 고친 다음에 바로 모든 파일을 지웠답니다. 그러나 엑기스(?) 야동은 휴대전화에 복사해 두었다며, 소그룹 예배에서 이 나눔을 하신 후에 바로 삭제하겠다고 결단하셨습니다.

저도 이분의 기업 무르기를 도와드리고자 주일예배 때 수많은 증인 앞에서 이분의 나눔을 읽어 주고 반드시 삭제하시라고 선포했습니다. 여러분도 남몰래 간직해 온 음란 영상이 있다면 다 삭제하시기 바랍니다. 핸드폰에서도 삭제하고 컴퓨터에서도 삭제하십시오.

시간을 내어 큐티하며 하나님과 교제하고, 말씀으로 양육 받으며 공동체 지체들과 함께 나의 수치와 부족을 나누면서 가는 것이 최고의 기업 무르기인 줄 믿습니다.

우리는 하나님 나라의 영원한 기업을 소유한 사람입니다. 받을 자격이 안 되지만 은혜로 그 기업을 주셨습니다. 하나님의 자비와 긍휼과 인내로 영원한 기업을 선물로 주셨다는 뜻입니다. 그러므로 우리 인생의 목적은 이 기업을 무르는 것입니다. 이 땅의 토지가 아니고 영원한 기업이 우리가 살아가는 목적이 되어야 합니다.

말씀으로 기도하기

기업은 영적으로 하나님 나라를 의미합니다. 구약시대에는 주로 하나님께서 정하신 토지가 이스라엘의 기업이었는데 땅을 팔거나 잃었던 사람에게 다시 되찾을 기회를 주는 것이 기업 무르기입니다. 그래서 기업 무르는 자는 구속하는 자, 회복하는 자라는 의미를 갖고 있습니다.

결혼의 목적이 기업 무르기입니다. (룻 4:1~5)

보아스는 기업 무르기를 위해 룻과 결혼하고자 했지만 절차를 무시하지 않았습니다. 결혼과 학업, 우리 인생의 목적이 하나님 나라 기업 무르기인 것을 알기 원합니다. 내 이익이 아니라 하나님의 기업이 목적이기에 믿음으로 하나님의 절차를 지키며 구원을 이루어 가도록 기도합니다.

기업을 무르는 것은 축복의 기회입니다. (룻 4:1)

아무개가 기업 무르기를 포기함으로써 룻과 보아스는 예수님의 계보에 올랐지만, 아무개는 성경에서 이름을 찾아볼 수 없게 됐습니다. 믿음의 장소, 믿음의 일, 믿음의 사람을 알아보게 하옵소서. 예배와 기도를 건성으로 여기지 않게 하시고 축복의 기회를 놓치지 않도록 기도합니다.

기업 무르기에는 희생이 따릅니다. (룻 4:5~8)

기업을 무르는 사람에게는 권리뿐만 아니라 책임도 따릅니다. 당장 손해를 보는 것 같아도 구원을 위해 희생하고 값을 치르는 것이 영원한 복인 것을 알기 원합니다. 내가 포기하지 못하고 희생하지 못하는 것들을 회개합니다.

증인들 앞에서 선포해야 합니다. (룻 4:9~10)

열 명의 장로를 증인으로 두고 보아스가 나오미의 기업을 무르고 룻과 결혼하겠다고 선포합니다. 룻이 모압 여인인 것을 언급하며 스스로 수치를 드러내고 사람들의 수군거림을 차단합니다. 나의 부족과 나의 잘못을 공동체에서 선포할 때, 수치를 면하게 하시고 영원한 기업으로 축복하실 것을 믿습니다. 보이지 않는 하나님 나라를 바라봄으로 예수 그리스도의 계보를 잇는 수천 대의 복이 우리 가정에 임하기를 기도합니다.

우리들 묵상과 적용

경제적으로 어려운 가정에서 자란 저는 항상 내 힘으로 모든 일을 해결해야 했습니다. 늘 이겨야 한다는 욕심과 실패해서는 안 된다는 강박증으로 학벌을 쌓았고 돈 많은 남편과 결혼했습니다. 그것을 발판 삼아 자녀들을 성공시키기 위해 애쓰며 나의 힘으로 해결하지 못할 게 없을 줄 알았습니다.

그런데 딸에게 신경섬유종이라는 불치병이 있다는 진단을 받았습니다. 생명을 잃을 수도 있는 무서운 병이지만, 평생 문제없이 살 수도 있다는 의사의 말에 저는 문제를 회피하고자 어린 딸은 돌보지 않고 다른 자녀들에게 집착했습니다. 기업을 무르기 위해 절차를 지키며 나아간 보아스와 달리(룻 4:1~5) 저는 절대 망해서는 안 된다는 교만함으로 하나님의 절차는 무시한 채 기복신앙에만 매달렸습니다. 제 밑바닥에는 늘 두려움이 깔려 있었고 우울증으로 약을 먹어야만

했습니다.

신경섬유종이 사춘기에 발병할 가능성이 크다고 했기에 딸이 6학년이 되었을 때 병원에 다시 검사하러 갔습니다. 그런데 이미 병이 진행 중이라는 결과가 나왔습니다. 저는 말 그대로 온몸에 힘이 빠졌습니다. 죽기 전에는 고칠 수 없다는 이 문제를 공동체에서 나누며, 말씀을 보는 것밖에는 제가 할 수 있는 일이 아무것도 없었습니다. 기업 무르기에는 희생이 따르고 의무와 책임이 있는 것인데, 제가 힘든 것이 싫어서 딸의 병을 외면하고 회피하고 싶었던 저의 이기심을 회개하게 되었습니다.

이제는 딸이 저의 기업이고 축복인 것을 공동체 증인들 앞에서 선포합니다(룻 4:9~10). 딸을 보면 가슴이 아프지만, 전처럼 회피하지 않고 모든 아픔을 딸과 함께 나누며 이 과정을 통과할 용기가 생겼습니다. 손해 보지 않으려는 이기심에 아무개처럼 이름도 없이 사라졌을 저를 회개하게 하시고, 기업 무를 마음을 주신 하나님, 사랑합니다.

기도

아버지 하나님, 생명보다 귀한 기업 예수 그리스도를 얻게 하시니 감사합니다. 구원의 영원한 기업을 무르는 것이 우리 인생의 목적, 결혼의 목적인데 저도 아무개처럼 이익만 생각하는 결혼을 했습니다.

손해 보기 싫은 이기심 때문에 축복의 기회를 볼 수도 없고 보려고도 하지 않았습니다. 그래서 저주의 길에 들어설 수밖에 없는 저를 구원하시기 위해 하나님의 은혜로 실패하게 하시니 감사합니다.

내 힘으로는 기업을 무를 수 없고 희생도 할 수 없고 수치를 선포할 수도 없습니다. 하나님께서 나를 회개케 하시고 깨닫게 하심으로 손해를 자처하고 수치를 선포하며 기업 무르는 자가 되게 하옵소서.

믿음의 눈으로 하나님의 기업을 보게 하옵소서. 눈앞의 손해를 피해 축복을 저버리는 아무개처럼 되지 않게 하옵소서.

이기적인 언어와 태도를 버리고 이타적인 사랑으로 기업 무르기 전도에 힘쓰며 구속하는 자, 회복하는 자의 사명을 감당하게 하옵소서. 예수님의 이름으로 기도합니다. 아멘.

하나님 아버지,

이 땅에서 무명한 자일지라도

예수 그리스도의 생명으로 유명한 자가 되게 하시니 감사합니다.

오직 찬송의 대상이신 하나님을 찬송합니다.

chapter 10

삶으로 영광을 돌리는 찬송

룻기 4:11~22

룻기를 처음부터 살펴보면 흉년이 들었을 때 감사하고, 감사의 선택으로 충성과 최고의 만남을 하게 되고, 배려하고 안식하며 책임지는 사랑이 되었습니다. 그리고 성취를 위해 쉬지 않고 나아갈 때 기업 무르기를 할 수 있다고 했습니다.

이 모든 일은 여호와께서 하신 일이기 때문에 여호와께서만 찬송을 받으셔야 한다는 것입니다. 하나님만이 찬송의 대상이십니다.

증인 공동체의 축복을 찬송합니다

성문에 있는 모든 백성과 장로들이 이르되 우리가 증인이 되나니 여호와께서 네 집에 들어가는 여인으로 이스라엘의 집을 세운 라헬과 레아 두 사람과 같게 하시고 네가 에브랏에서 유력하고 베들레헴에서 유명

하게 하시기를 원하며 _룻 4:11

증인들이 보아스와 나오미와 룻을 축복합니다. 보아스가 모든 손해를 무릅쓰고 기업을 무르겠다고 약속했습니다. 죽은 엘리멜렉과 기룐과 말론의 모든 법률적 책임과 더불어 모든 손해를 무릅쓰겠다고 했습니다. 손해를 감수하며 이스라엘 사람들이 무시하는 룻과 결혼하겠다고 선포했습니다.

보아스는 예수 그리스도의 표상입니다. 예수께서 십자가를 지시고 피 흘리심으로 우리를 구원하신 것처럼 보아스가 구원하는 자의 역할을 하고 있습니다. 기업 무르기는 내려놓는 희생이 없이는 안 되는데, 보아스는 죽었다가 깨어나도 못할 적용을 한 것입니다.

이런 믿음의 적용과 선포를 하니까 백성과 장로들이 증인이 되겠다고 자청합니다. 그토록 무시하는 이방 모압 여인인 룻을 이스라엘 열두 지파를 세운 라헬과 레아와 같이 되게 해 달라고 축복합니다. 보아스가 에브랏에서 유력하고 베들레헴에서 유명해지기를 원한다고 말합니다. 결국 이곳 베들레헴에서 예수님이 탄생하셨습니다. 하나님께서는 룻과 나오미, 보아스에게 증인 공동체의 복을 허락하셨습니다.

사람은 사람을 진심으로 축복할 수 없습니다. 사촌이 땅을 사도 배가 아픈데 누가 다른 사람을 유명해지게 해 달라고 축복할 수 있겠습니까? 남이 잘됐다고 하면 다들 배 아파합니다. 인간의 힘으로는 남이 잘되는 것을 기뻐할 수 없습니다. 하나님만이 하실 수 있습니다. 하나님의 마음이 들어가야 진심으로 칭찬하고 축복할 수 있습니다. 이것이 증인 공동체의 위력입니다. 부부간에도 잘 되지 않습니다. 부부간에도 한쪽이 먼저 출세하면 서로 시샘을 하기도 합니다. 하지만 증인 공동체는 온 열방을 축복할 수 있습니다.

이 세상에 수많은 모임과 공동체가 있지만, 보아스처럼 죄와 수치를 드러내고 고백하는 공동체가 얼마나 되겠습니까? 바로 이런 공동체가 증인 공동체입니다. 우리 공동체에 너무나 힘들고 어려운 간증을 고백한 분이 있는데, 그분이 유명해지고 잘된다면 누가 배 아파하겠습니까. 모두가 그분이 잘되기를 진심으로 바라지 않겠습니까. 그 사람의 고통과 수치를 알고 함께 기도하는 공동체라면 나보다 남이 잘돼도 진심으로 축복하고 박수 쳐 줄 수 있습니다. 그래서 죄와 수치를 선포하고 드러내는 공동체, 서로의 간증을 증거하는 증인들의 공동체가 복된 공동체입니다.

여호와께서 이 젊은 여자로 말미암아 네게 상속자를 주사 네 집이 다말이 유다에게 낳아준 베레스의 집과 같게 하시기를 원하노라 하니라 _룻 4:12

본보기가 되는 앞선 증인이 있습니다. 증인들은 룻과 같은 사람으로서 다말을 언급합니다. 룻이 얼마나 복 받은 사람인지 다말을 예로 들고 있습니다. 다말이 누구입니까? 다말은 예수님의 조상인 유다의 며느리였습니다(창 38장). 남편과 시동생 오난이 죽고 그 집안의 대를 잇기 위해 시아버지 유다와 동침을 해서 메시아 가문에 들어온 여인입니다. 수치스러운 일이었지만, 구원을 위해서 힘든 적용을 한 사람입니다.

증인들은 룻을 다말과 같은 범주에 올려놓고 이 일을 구속사적으로 바라보며 룻을 칭찬했습니다. 다말과 같은 적용을 룻도 동일하게 했다는 것입니다. 다말과 룻은 다 이방 여인입니다. 다말은 가나안, 룻은 모압 여인입니다. 둘 다 나이가 많은 남자와 동침해서 아이를 낳았습니다. 다말은 창녀로 분장해서 시아버지 유다를 유혹했고, 룻은 타작마당에 몰래 들어와서 보아스를 만나 결혼에 이른 것까지 너무나 비슷합니다.

그런데 다말은 수치스러운 일을 한 것이 아니라 기업을 무른 것이었습니다. 기업을 무르는 것은 쉽게 말하면 예수를 믿는 것입니다. 기업을 무르기 위해서 다말이 부끄러움을 무릅쓴 것처럼, 룻도 발치 이불을 들고 들어가서 보아스와 결혼한 것이 부끄러운 일이 아니라고 위로하는 것입니다.

이런 칭찬은 증인들의 공동체에서만 가능한 일입니다. 사사들이 자기 소견에 옳은 대로 치리하던 시기였지만, 그때에도 이렇게 올바른 생각을 하는 증인들의 공동체가 이스라엘에 있었습니다. 룻과 보아스의 치부를 드러내는 솔직한 나눔으로 이런 공동체가 생긴 것입니다. 바로 하나님이 하신 일입니다.

죄와 수치를 드러냄으로 서로를 축복하는 공동체, 믿음으로 말이 통하는 공동체를 만난다는 것은 복 중의 복입니다. 이것이 찬송의 이유입니다.

> 여인들이 나오미에게 이르되 찬송할지로다 여호와께서 오늘 네게 기업 무를 자가 없게 하지 아니하셨도다 이 아이의 이름이 이스라엘 중에 유명하게 되기를 원하노라 _룻 4:14

'찬송하다'는 단순히 입술로 찬송하는 것을 넘어서 여호와를 기뻐하고, 자랑하고, 삶으로 여호와께 영광을 돌리고 증거하는 것입니다. '찬송할지로다'의 원문에는 수동태 분사형으로 '여호와께서 찬양을 받으신다'는 뜻이 담겨 있습니다. 여호와께서는 찬송을 받으시기에 합당한 분이라는 의미입니다.

여인들이 룻의 아이를 진심으로 축복합니다. 다들 내 자녀가 잘되기를 바라지 남의 자녀가 잘되기를 원한다는 게 쉽지 않습니다. 누군가를 진심으로 축복한다 할지라도 그 사람의 자녀까지 축복하기란 쉽지 않습니다. 그런데 이 증인 공동체의 여인들은 룻의 아이의 이름이 이스라엘 중에 유명하게 되기를 원한다고 진심으로 아낌없이 축복하고 있습니다. 증인 공동체는 내 자녀 남의 자녀 구별하지 않습니다. 차별하지 않습니다.

증인들의 공동체는 축복을 서로 주고받습니다. 오직 믿음으로, 시샘이 없어지고, 질투가 없는 축복을 할 수 있는 것입니다. 믿음 없이는 다른 사람이 복을 받을 때 내가 복을 받는 것처럼 진심으로 기뻐하기가 어렵습니다. 하지만 그 당시 여인들의 공동체가 바로 증인들의 공동체가 되어서 우리에게 감동을 주고 있습니다.

> 이는 네 생명의 회복자이며 네 노년의 봉양자라 곧 너를 사랑하며 일곱 아들보다 귀한 네 며느리가 낳은 자로다 하니라 _룻 4:15

그들은 완전수인 일곱 아들이 부럽지 않은 며느리라고 룻을 칭찬을 해 줍니다. 이렇게 마음껏 축복하고 칭찬할 수 있는 증인들의 공동체를 만나게 해 달라고 우리는 기도해야 합니다. 진정한 증인 공동체와의 만남이 인생에서 가장 큰 축복입니다.

나보다 남이 잘되는 것을 진심으로 축복할 수 있습니까? 내 자녀보다 남의 자녀가 잘되기를 진심으로 빌어 줄 수 있습니까? 나의 수치와 죄를 아는 공동체, 그래서 내가 잘되기를 진심으로 바라며 내 자녀까지 축복해 주는 공동체에 속해 있습니까? 구원을 위한 적용을 삶으로 보여 주는 앞선 증인들이 우리 공동체에 있습니까?

여호와께서 복 주심을 찬송합니다

이에 보아스가 룻을 맞이하여 아내로 삼고 그에게 들어갔더니 여호와께서 그에게 임신하게 하시므로 그가 아들을 낳은지라 _룻 4:13

보아스는 일이 성취되기까지 쉬지 않는다고 했습니다. 결혼하는 일에 최선을 다했고, 결혼한 후에는 동침하는 일을 쉬지 않았습니다. 그리고 여호와께서 복을 주셔서 생명을 잉태하고 아들을 낳았습니다. 우리가 아이를 낳으려면 인간이 할 최선의 일을 다해야 합니다. 영육 간에 강건하게 되어야 합니다. 영적으로는 예배 잘 드리고, 큐티하고, 기도하고, 다른 사람을 사랑해야 합니다. 육적인 건강을 위해서는 술 담배 끊고, 운동하고, 몸 관리하고, 부부 생활에도 최선을 다해야 합니다. 그렇게 할 때 여호와께서 잉태케 하십니다.

무엇보다 부부간에 사랑이 있어야 합니다. 룻과 보아스 부부는 아이를 낳으려고 동침한 것이 아니라 사랑하니까 동침했습니다. 여전한 방식으로 서로에게 최선을 다했을 때 하나님께서 그들을 보시고 잉태의 복을 허락하신 것입니다.

저는 여러분에게 잉태의 축복이 흘러넘치기를 바랍니다. 가장 애국하는 것은 아이를 낳는 것입니다. 2018년 통계청이 발표한 자료에 따르면 우리나라의 출산율이 0.98까지 떨어졌다고 합니다. 여성 1명이 평생 낳을 수 있는 평균 출생아 수가 사상 최초로 0명대로 떨어진 것입니다. 그야말로 인구절벽시대가 도래했습니다.

아이를 많이 낳아야 영적 자녀도 많이 나오지 않겠습니까? 하나님 아버지의 뜻이 이 땅에서 이루어지려면 영적 자녀가 끊임없이 나와야 합니다. 그러려면 믿는 우리가 아이를 많이 낳는 길밖에 없습니다.

'아들을 낳은지라'의 말씀은 쉬운 것 같아 보이지만 굉장한 이야기입니다. 인간으로서는 최소한의 노력을 했는데 하나님께서 엄청난 복을 주신 것입니다. 하나님이 보시기에는 최소한의 노력인데, 우리가 보기에는 너무 어려워 보여서 그 최소한의 노력을 하지 못합니다. 그러면 하나님의 무한대의 축복을 못 받는 것입니다.

흉년이 한 번만 들어도 우리는 인생이 끝나는 것처럼 느끼는데, 룻과 보아스는 1장부터 4장까지 쉬지 않고 달려왔습니다. 힘들 때마다 이들이 한 일은 하나님을 바라본 것뿐입니다. 바로 이것이 최소한의 순종입니다. 이런 순종의 때가 차면 아들을 주시는 것입니다. 룻도 때가 차서 영적 자녀 오벳을 낳았습니다. 영적 자녀 한 명 낳기가 어렵습니다.

아브라함도 여덟 자녀 중에 이삭 한 명만 영적 자녀가 되었고, 이삭은 야곱과 에서 중에서 야곱만 영적 자녀가 되어 겨우 빈대작했습니다. 반면에 야곱은 험악한 인생을 살았기에 열두 자녀 모두 영적 자녀로 타작하게 된 줄 믿습니다. 한 명을 잘 낳으면 만 명도 낳을 수 있는데, 한 명 낳는 것이 이렇게 어렵습니다. 육적인 자녀도 여호와께서 복으로 주시는 것이고, 영적 자녀 낳기도 여호와께서 복을 주시지 않으면 할 수 없습니다.

여호와께서 복으로 주신 육적인 자녀, 영적인 자녀가 있습니까? 한 생명을 낳기 위해 영적, 육적 노력을 다하고 있습니까? 내가 해야 할 일에 최선을 다해 순종함으로 순종의 때가 찰 때 육적 자녀, 영적 자녀의 복을 주실 것을 믿습니까?

후손의 축복을 찬송합니다

여인들이 나오미에게 이르되 찬송할지로다 여호와께서 오늘 네게 기업 무를 자가 없게 하지 아니하셨도다 이 아이의 이름이 이스라엘 중에 유명하게 되기를 원하노라 _룻 4:14

이스라엘 자손 중에 유명하게 되는 일이 무엇입니까? 예수님이 나온 가문이라면 그보다 유명한 가문이 있겠습니까? 룻의 자손 중에서 유명한 자가 많이 나왔습니다. 사랑 받는 자 다윗, 주의 선물이라는 뜻의 이새, 죄에서 구원할 자 예수! 믿음의 주인공들이 계속 룻의 집안에서 나왔습니다.

이는 네 생명의 회복자이며 네 노년의 봉양자라 곧 너를 사랑하며 일곱 아들보다 귀한 네 며느리가 낳은 자로다 하니라 _룻 4:15

나오미를 도와준 사람은 보아스인데 그 아들 오벳이 나오미의 생명의 회복자이며 노년의 봉양자라고 합니다. 한 자녀를 영적 자녀로 길러 내니 그가 온 집안의 생명의 회복자가 되고 봉양자가 됩니다. 똑똑한 자녀가, 돈 많이 벌어 오는 자녀가 우리 집안을 지탱해 주는 것이 아닙니다.

아무리 명문대를 나오고 출세했다 하더라도 자녀가 예수를 믿지 않는다면, 구원 받지 못했다면 모든 불세출의 능력이 무슨 소용이겠습니까? 지질하더라도 예수를 믿어 거듭난 자녀가 진짜입니다. 그 자녀가 진심으로 부모를 봉양하며 부모는 물론이요 온 집안의 생명을 회복해 줍니다. 그러므로 내가 한 사람을 영적 자녀로 세우는 것은 곧 나의 생명을 회복하는 길입니다.

> 16 나오미가 아기를 받아 품에 품고 그의 양육자가 되니 17 그의 이웃
> 여인들이 그에게 이름을 지어 주되 나오미에게 아들이 태어났다 하여 그의 이름을 오벳이라 하였는데 그는 다윗의 아버지인 이새의 아버지였더라 _룻 4:16~17

룻의 아들 오벳은 나오미와는 육적 혈통으로는 전혀 피가 섞이지 않았습니다. 그런데도 이웃 여인들은 나오미가 오벳을 낳았다

고 합니다. 나오미가 거룩한 중매쟁이가 되어 룻과 보아스를 결혼시키고 예수님의 계보를 잇는 결정적인 역할을 했기 때문입니다. 육적 혈통으로 남남일지라도 영적으로 룻도, 룻의 아들도 나오미의 자녀입니다. 그래서 나오미가 아기를 품에 품고 영적인 양육자가 되었습니다.

성경은 놀라운 간증의 책입니다. 본문에 오벳이 룻의 자식이라는 말이 없습니다. 이어지는 21절에서는 '보아스가 오벳을 낳았다'고 합니다. 그런데 마태복음 1장 5절에는 '룻에게서 오벳을 낳았다'고 합니다. 오벳은 하나님이 주신 자녀이기에 보아스와 룻이 낳았어도 하나님이 나오미와 엘리멜렉 가문 모두를 예수님의 계보에 올려 주셨습니다. 나오미가 낳은 것도 맞고 룻이 낳은 것도 맞고 보아스가 낳은 것도 맞고, 다 맞다고 하십니다. 천국에는 이 땅의 가족 개념이 없습니다. 내 자식, 네 자식이 없습니다.

전도하고 기업 무르기를 하면서 영적 자녀를 위해서 살라는 것이 성경의 주제이고 룻기의 주제입니다. 내 자녀가 유명하지 않아도 천국에서 만날 자신이 있다면 그것이 최고의 인생이고 감사한 인생입니다. 자녀가 상급이 아니고, 유명한 것이 상급이 아니고, 하나님 자체가 상급이기 때문입니다.

육적으로 유명한 자녀가 최고가 아닙니다. 유명하든 안 하든 영적 자녀가 최고이고, 예수 믿는 것이 최고의 상급입니다. 대통령이 되고, 이 땅에서 유명하게 된다 해도 예수를 안 믿으면 헛것입니다.

유명한 자녀, 유명한 후손이 있습니까? 이름이 나기는커녕 내 자식이 아니라고 부인하고 싶은 자녀가 있습니까? 잘나도 못나도 자녀가 있다는 것이 축복이고, 육적 자녀가 없어도 복음으로 낳고 양육하는 영적 자녀가 있다면 그것이 더 큰 축복임을 믿습니까? 나와 내 자녀는 천국에서 만날 영적인 가족입니까?

혈통과 육정을 뛰어넘는 예수님의 계보를 찬송합니다

18 베레스의 계보는 이러하니라 베레스는 헤스론을 낳고 19 헤스론은
람을 낳았고 람은 암미나답을 낳았고 20 암미나답은 나손을 낳았고 나
손은 살몬을 낳았고 21 살몬은 보아스를 낳았고 보아스는 오벳을 낳았
고 22 오벳은 이새를 낳고 이새는 다윗을 낳았더라 _룻 4:18~22

이 짧은 계보에 다말과 그녀의 시아버지 유다의 동침으로 태어난 베레스, 기생 라합에게서 나온 보아스, 모압 여인 룻과의 사이

에서 낳은 오벳이 보입니다. 베레스에서 다윗까지의 계보에 부끄러워할 만한 조건을 가진 사람들이 다 들어 있습니다. 하지만 이새가 다윗을 낳음으로 이 계보에 속한 모든 사람이 다윗으로 인하여 영광을 얻게 됩니다. 또 이 계보에서 예수님이 오심으로 모두가 영광을 얻습니다. 자녀의 영광이 부모의 영광이 되었습니다.

여호와의 총회에 들어오지 못하는 이방 모압의 여인이 예수님의 계보에 올랐습니다. 이것은 '모압 자손은 여호와의 총회에 영원히 들어오지 못한다'는 신명기의 법에 대한 도전입니다. 그러나 율법이 이방 여자와의 결혼을 금한 것은 불신 결혼을 하지 말라는 뜻이지, 문자적으로 국제결혼을 금하는 게 아닙니다. 하나님께서 룻기를 통해 어마어마하게 열린 세계를 보여 주십니다. 우리를 향한 하나님의 큰 사랑이 룻으로 말미암아 나타났습니다. 룻과 보아스로 말미암아 온 인류가 예수 그리스도를 만나게 되었습니다.

예수 그리스도의 계보는 너무 처절한 이야기입니다. 계보를 17절로 요약해 놓은 마태복음 1장 1절에서 17절에는 다말, 라합, 룻 세 여자가 다 들어가 있습니다. 그리고 거기에 다윗과 불륜을 행한 밧세바, 처녀로서 잉태한 마리아가 들어가 있습니다. 사라, 리브가, 레아는 한 명도 안 들어가 있습니다. 하나님은 음란과 성적인 죄를 싫어하시는데도 흠이 있는 여자들이 다 들어가 있습니다. 죄지은 사람들을 사랑하시는 예수님의 사랑을 아시길 바랍니다.

나의 계보가 수치스러울지라도 나는 예수님으로 인하여 즐거워하고 하나님 자체가 상급이라는 것이 예수 그리스도 계보의 진정한 의미입니다. 이렇게 구속사로 우리 인생을 해석해야만 내 인생이 해석될 수 있습니다.

요한복음 1장에 보면 "이는 혈통으로나 육정으로나 사람의 뜻으로 나지 아니하고 오직 하나님께로부터 난 자들이니라"(요 1:13)고 했습니다.

우리 모두가 이 이야기의 주인공입니다. 우리가 가는 곳마다 이런 복이 넘쳐날 줄 믿습니다. 그로 인해 고난 중에도 찬송이 끊어지지 않는 여러분과 공동체가 되기를 축원합니다.

예수님 때문에 기쁘고 하나님 자체가 상급이 되어 영석 자녀 오벳을 낳고 있습니까? 그럴 때 수치스러운 우리 집의 계보가 예수 그리스도의 계보가 될 것을 믿습니까?

말씀으로 기도하기

입술로 부르는 찬송이 아니라 여호와를 기뻐하고, 자랑하고, 삶으로 여호와께 영광을 돌리고 증거하는 것이 찬송의 진정한 뜻입니다. 오직 여호와만이 찬송을 받으시기에 합당하신 분입니다.

증인 공동체의 축복을 찬송합니다. (룻 4:11~12, 14~15)

하나님의 은혜를 증거하고 내 죄와 수치를 드러낼 때 나의 공동체가 증인이 되어 나를 축복할 것을 믿습니다. 고난을 통해 세워진 앞선 증인들을 보며 나의 수치를 부끄러워하지 않고 사명을 이루어 가기를 기도합니다. 사람들이 룻은 물론 그 자녀까지 차별 없이 축복한 것처럼 내 자녀, 남의 자녀 구별하지 않고 진심으로 축복하는 저와 공동체가 되게 하옵소서.

여호와께서 복 주심을 찬송합니다. (룻 4:13)

룻과 보아스가 부부가 되어 사랑함으로 동침할 때 여호와께서 잉태케 하셨습니다. 육적 자녀가 없어도 영적 자녀 한 사람을 얻는 것이 인생의 목적이 되어 헌신하게 하옵소서.

후손의 축복을 찬송합니다. (룻 4:14~17)

내 자녀가 유명하게 되는 일이 없어도 천국에서 만날 수 있다면 그것이 최고의 인생을 살아가고 있는 것이고 감사한 인생입니다. 일등이 최고, 명문대가 최고가 아니라 예수 믿는 것이 최고라고 부르짖는 부모가 되기를 기도합니다.

혈통과 육정을 뛰어넘는 예수님의 계보를 찬송합니다. (룻 4:18~22)

룻기의 계보는 다말과 유다의 동침으로 태어난 베레스부터 시작하여 온갖 불의하고 수치스러운 사람들이 다 들어 있습니다. 나의 육적인 계보가 수치스러울지라도 하나님 자체를 상급으로 누리며 예수 생명을 이어가기 원합니다. 고난 중에도 여호와를 찬송함이 끊이지 않는 저와 공동체가 되기를 원합니다.

우리들 묵상과 적용

세 살 때 어머니가 돌아가신 후 곧바로 재혼하신 아버지는 저를 투명인간 취급하셨고, 새어머니는 처녀로 가난한 집에 시집온 것이 분하셨는지 저에게 분노를 쏟아 내셨습니다. 더욱이 저는 어려서 성폭행을 당해 바닥까지 자존감이 내려갔고, 중학교만 졸업한 학벌에 대한 열등감으로 꼬이고 삐뚤어지고 까칠한 사람이 되었습니다.

집이 싫어서 친척 집으로, 친구 집으로 돌아다니다 중매로 남편을 만나 결혼했습니다. 결혼하고 보니 남편은 빚을 유산으로 물려받았고 남편의 월급으로는 입에 풀칠하기도 힘들어 공장으로, 식당으로, 파출부로 밤낮없이 뛰어다녔습니다. 아무리 아껴도 빚은 줄지 않았고, 13번이나 이사를 다녔지만 희망이 보이지 않았습니다.

그러던 중 친구가 다니던 교회를 따라가서 말씀을 듣는데 "배운 것도 없고 가진 것도 없으면서 믿음도 없느냐"며 야단치시는 목사님의 설교에 정신이 번쩍 들었습니다. 인간은 어려서부터 악하다는 창세기 말씀을 통해 새어머니를 미워하고 원망한 뼛속부터 악하고 교만한 저의 모습이 깨달아졌습니다. 기업을 무르기 위해 새어머니를 우리 가정에 보내 주신 하나님의 사랑을 깨닫게 되니 제 정체성과 자존감이 회복되었습니다.

그래서 누구에게도 감사하다는 말을 하지 못했던 제가 미국에 계신 새어머니에게 전화를 걸어 그동안 어머니를 미워했다고, 저를 키우시느라 고생 많이 하셨다고, 예수 믿게 해 주셔서 감사하다고 용서를 빌고 감사의 말을 전했습니다. 그러자 새어머니는 그땐 살기가 너무 힘들어 따뜻하게 해 주지 못했다고, 미안하다고, 이렇게 전화해 줘서 고맙다고 말씀하셨고, 서로 눈물을 흘리며 회해했습니다. 새어머니가 직접 낳지는 않았지만, 영적 자녀로 키워 주신 사랑을 생각하며 저는 처음으로 새어머니에게 "엄마, 사랑해!"라고 말했습니다.

이방 모압의 여인인 룻을 축복한 증인 공동체처럼(룻 4:11~14), 차별이 없는 믿음의 공동체가 저를 귀하게 여겨 주시고, 양육시켜 주셔서 소그룹 리더로도 세워 주셨습니다. 저의 죄와 수치를 고백하게 하시고 비천한 저를 높여 주신 하나님, 찬송 받기에 합당하신 예수님, 사랑합니다.

기도

아버지 하나님, 찬송할 수 없을 때 찬송하는 것이 진정한 찬송임을 알았습니다. 룻의 출신을 밝히며 담대하게 수치를 드러낸 보아스 때문에 증인 공동체가 생겼습니다. 앞선 증인들이 있어서 나도 마찬가지 일을 당했다고, 내가 안다고, 진심으로 축복해 주는 공동체를 주시니 감사합니다. 우리 인생의 목적이 기업 무르기, 영적 자녀 낳는 것인데 여호와의 축복으로 영적 자녀를 잉태하게 하옵소서. 내 자식 남의 자식 구별하지 않게 하시고 영적 자녀 낳는 것이 인생의 목적이 되게 하옵소서. 룻기의 마지막에 나온 베레스와 예수님의 계보를 생각하며 내가 예수님으로 만족하고 하나님 자체를 상급으로 누리게 하옵소서.

우리를 혈통으로나 육정으로나 사람의 뜻으로 나지 아니하고 오직 하나님의 뜻대로 나게 하시고 예수님의 계보에 들어가게 하시니 감사드립니다. 육신의 가족도, 영의 가족도 모두 영적 자녀가 되어서 잠시 후에 천국에서 모두 만나게 되기를 소망합니다. 이 땅에서 유명하게 되는 것이 아니라 예수를 믿어서 천국에서 유명한 자 되게 도와주시옵소서.

진정한 찬송의 대상이 하나님밖에 없다는 것을 알고 오직 하나님만 찬송하는 우리가 되어서 우리가 있는 곳이 다 메시아의 동네가 되길 원합니다. 가정과 직장과 내가 속한 모든 곳이 메시아의 동네가 될 수 있도록 복을 주시옵소서. 찬송의 대상은 오직 하나님밖에 없음을 고백합니다. 하나님을 찬송합니다. 예수님의 이름으로 기도합니다. 아멘.

내 인생 최고의 선택

초판 발행일 | 2013년 12월 20일
개정증보 4쇄 발행 | 2025년 2월 13일
지은이 | 김양재

발행인 | 김양재
편집인 | 송민창
편집장 | 정지현
편집 | 김윤현 진민지 고윤희 이은영
디자인 | 디브로(주)
일러스트 | 전혜령

발행처 | 큐티엠
주소 | 경기도 성남시 분당구 대왕판교로 385번길 26, 3층 큐티엠 단행본 편집부 (우) 13543
편집 문의 | 070-4635-5318 **구입 문의** | 031-707-8781
팩스 | 031-8016-3193
홈페이지 | www.qtm.or.kr **이메일** | books@qtm.or.kr
인쇄 | (주)신성토탈시스템
총판 | (사)사랑플러스 02-3489-4300

ISBN | 979-11-89927-04-2 03230

큐티엠(QTM, Question Thinking Movement)은 '날마다 큐티'하는 말씀묵상 운동을 통해
영혼을 구원하고, 가정을 중수하고, 교회를 새롭게 하는 일에 헌신합니다.

이 도서의 국립중앙도서관 출판예정도서목록(CIP)은 서지정보유통지원시스템 홈페이지(http://seoji.nl.go.kr)
와 국가자료종합목록시스템(http://www.nl.go.kr/kolisnet)에서 이용하실 수 있습니다.(CIP제어번호 : 2019026556)